승선생의
119 러시아어

문법편

승선생의 119 러시아어

초판 1쇄 2013년 6월 28일
초판 3쇄 2021년 3월 17일

지은이 승주연
펴낸이 김선명

펴낸곳 뿌쉬낀하우스
책임편집 이은희
편집 김영실, 박은비
주소 서울시 중구 동호로 15길 8 리오베 빌딩 3층
전화 02)2237-9387
팩스 02)2238-9388
이메일 book@pushkinhouse.co.kr
홈페이지 www.pushkinhouse.co.kr
출판등록 2004년 3월 1일 제 2004-0004호

ISBN 978-89-92272-49-0 13790

Copyright ⓒ 2013 by 승주연 & Pushkin House
Published by Pushkin House. Printed in Korea
저작권법에 의해 보호를 받는 저작물이므로 무단 전재와 무단 복제를 금합니다.

*잘못된 책은 바꿔 드립니다.

승선생의
119
러시아어 문법편

승주연 지음

뿌쉬낀하우스

안녕하세요! '승선생의 119 러시아어 문법'에 오신 것을 환영합니다. 다른 모든 언어와 마찬가지로 러시아어 공부에 있어서 가장 중요한 것은 문법이 왜 필요한가를 이해하는 것입니다. 2004년부터 강의를 시작하고, 2006년부터 한국문학작품을 러시아어로 번역하는 일을 병행하면서 느낀 것은 문법을 위한 문법에 대한 안타까움이었습니다. 문법에 대한, 피부에 와닿는 이해 없이 암기만 하는 문법은 실질적인 공부에 도움이 안된다는 것을 수년간의 경험에 비추어서 깨달았습니다. 시험 문제를 잘 풀기 위한 교재 이전에 러시아어 문법을 제대로 이해하기 위한 문법책이 나와줘야겠다는 갈증이 이 교재의 발단입니다.

토르플 1단계 시험 대비 문법이라는 다소 딱딱한 타이틀에도 불구하고, 이 책에 실생활에서 많이 쓰이는 대화나 표현이 유독 많이 눈에 띄는 이유는 문법과 어휘력 향상, 그리고 더 나아가 이 교재 안에서 만난 문장들이 실생활에서, 그리고 업무상으로도 많이 쓰일 수 있었으면 하는 바람 때문입니다. 권위적인 주입식 교재보다는 학생들과 대화하고 소통하는 교재를 만들고 싶은 바람도 있었습니다. 그런 의미에서 예문들은 러시아 만화는 아니지만, 러시아에서 인기리에 방영되었던 'Малыш и Карлсон', 그리고 우리 모두에게 친숙한 『피노키오의 모험』, 『어린 왕자』들에서 원문 그대로 뽑았으며, 저자가 좋아하는 작가인 러시아 작가 빅토리아 또까레바의 단편들과 그 외 러시아 작가들의 작품 중에서 흥미롭게 다가올 수 있는 문장들을 선별하였습니다.

소설이나 수필집들은 일반적으로 저자 특유의 "아...~스럽다"라는 평가를 하곤 합니다. 마찬가지로 '119 러시아어'도 번역 작가 특유의 분위기가 물씬 풍기는, 굉장히 승선생스러운(익살스러운, 재미있는, 논리적인?) 교재로 다가갔으면 하는 바람입니다.

강의 10년차에 의미 있는 일을 하게 되어서 감회가 새롭고, 토르플 시험 대비 외에도 일상생활 표현 익히기, 중급 수준의 러시아어 문법 내용 이해하기라는 몇 마리의 토끼를 잡았으면 하는 간절한 바람이 있습니다. 더 나아가 부분 원서 독해를 통해 원서 독해에 대한 자신감도 키웠으면 합니다. 늘 입버릇처럼 말하곤 하던 "러시아어 문법은 '외우는' 것이 아니라, '이해하는' 것"이라는 말의 뜻이 조금이나마 이해되었으면 하는 소박한 바람 역시 전달되었으면 합니다.

이 책이 나오기까지 도와주신 Александра Гуделёва, Евгения Коломова와 뿌쉬낀 하우스의 김선명 원장님께 감사의 뜻을 표합니다.

Contents..

제1부 명사의 격

I. 주격 — 10

II. 생격 — 17

III. 여격 — 25

IV. 대격 — 31

V. 조격 — 38

VI. 전치격 — 46

    실전대비문제 — 53

제2부 동사

I. 동사의 상 — 56
  1. 상의 정의
  2. 상의 관점에서 본 동사의 유형
  3. 시제와 상
  4. 동사원형과 상
  5. 부정문과 상

    실전대비문제 — 75

II. 운동동사 — 77
  1. 접두사 없는 경우
  2. 접두사가 있는 경우

    실전대비문제 — 114

III. 형동사　　　　　　　　　116
　　1. 형동사의 정의 및 용법
　　2. 형동사의 종류

IV. 부동사　　　　　　　　　130
　　1. 부동사의 정의 및 용법
　　2. 부동사의 종류
　　3. 부동사 구문 해석 방법

　　실전대비 문제　　　　　134

제3부　문장의 종류

I. 단문　　　　　　　　　　138
　　1. 목적에 따른 문장의 종류
　　2. 주요 문장 성분의 유무에 따른
　　　 문장의 종류

II. 복문　　　　　　　　　　142
　　1. 복문의 정의
　　2. 복문의 종류

　　실전대비문제　　　　　157

부록　　　　　　　　　　　159

제1부
명사의 격

I. 주격
II. 생격
III. 여격
IV. 대격
V. 조격
VI. 전치격

I 주격

주격은 국어에서와 마찬가지로 문장에서 주어로 많이 쓰이지만, 러시아어에서는 그 용도가 다양합니다.

1 단수/복수 주격 형태

❶ 단수 주격 형태

남성명사	여성명사	중성명사
1) 자음으로 끝납니다. стол, стул, телевизор, лифт, магазин, ...	1) 모음 -а로 끝납니다. мама, сумка, машина, школа, шапка, кошка, крыша, ...	1) 모음 -о로 끝납니다. окно, письмо, яблоко, пальто, кино, фото, ...
2) 반자음 -й로 끝납니다. музей, Андрей, санаторий, ...	2) 모음 -я로 끝납니다. деревня, песня, Таня, Соня, семья, статья, ...	2) 모음 -е로 끝납니다. море, упражнение, здание, задание, ...
3) -ь로 끝납니다. словарь, преподаватель, Суздаль	3) -ь로 끝납니다. тетрадь, мать, дочь, ночь, Сибирь, ...	3) -мя로 끝납니다. время, имя, ...

* кофе는 -е로 끝나지만 남성명사이며, -и, -о, -у, -ю로 끝나는 일부 외래어들은 중성명사에 속합니다.

무조건 외웁시다!

월은 모두 남성명사

январь, февраль, март, апрель, май, июнь, июль, август, сентябрь, октябрь, ноябрь, декабрь

-ь로 끝나는 남성명사

рубль, словарь, дождь, автомобиль, день, ...

-ь로 끝나는 여성명사

любовь, кровать, тетрадь, площадь, мебель, обувь, молодёжь, очередь

❷ 복수 주격 만드는 법

남성 명사	여성 명사	중성 명사
1) 자음으로 끝나면, 뒤에 -ы를 붙입니다. столы, телевизоры, компьютеры, магазины	1) -а로 끝나면, -а를 떼고 -ы를 붙입니다. мамы, школы, машины	1) -о로 끝나면, -о를 떼고 -а를 붙입니다. окна, письма
2) -й로 끝나면, -й를 떼고 -и를 붙입니다. музеи, санатории	2) -я로 끝나면, -я를 떼고 -и를 붙입니다. тёти, песни, семьи	2) -е로 끝나면, -е를 떼고 -я를 붙입니다. моря, общежития
3) -ь로 끝나면, -ь을 떼고 -и를 붙입니다. словари, преподаватели, вратари	3) -ь로 끝나면, -ь을 떼고 -и를 붙입니다. площади, ночи	3) -мя로 끝나는 명사는 -мя를 -мена로 바꿉니다. времена
4) -г,-к,-х로 끝나면, 뒤에 -и를 붙입니다. учебники	4) -га,-ка, -ха로 끝나면, -а를 떼고 -и를 붙입니다. книги, ручки	
5) -ж, -ч, -ш, -щ로 끝나면, 뒤에 -и를 붙입니다. врачи, товарищи	5) -жа, -ча, -ша, -ща로 끝나면, -а를 떼고 -и를 붙입니다. лужи, дачи	

* 복수형이 -я로 끝나는 남성명사도 있습니다.

    друг → друзья   стул → стулья   лист → листья
    муж → мужья   сын → сыновья   брат → братья

* 항상 복수형으로 쓰이는 명사들
    ножницы, часы, деньги, брюки, усы, сапоги, кроссовки, серьги, бусы, носки, сутки, ...

2 주격의 용법

❶ 주어로 쓰입니다.

- '인칭대명사'가 주어로 쓰인 경우

    (1) Вчера **я** заказала по телефону двухместный номер в отеле.

    (2) **Я** плохо переношу холод.

    (3) **Мы** поздно ложимся спать, обычно в 2 часа ночи.

- '명사'가 주어로 쓰인 경우

    (4) За свою историю **Петербург** три раза менял название.

    (5) **Беда** (никогда) не приходит одна.

- '대명사 + 명사'가 주어로 쓰인 경우

    (6) **Моя сестра** очень похожа на нашего отца.

    (7) **Этот столик** свободен?

- '(대명사) + 형용사 + 명사'가 주어로 쓰인 경우

    (8) В 6 часов заканчивается **мой рабочий день.**

    (9) **Обеденный перерыв** в нашей фирме очень короткий.

    (10) Сколько стоит **одноместный номер?**

    (11) **Красный цвет** — мой любимый.

- '부정대명사 никто'가 주어로 쓰인 경우

    (12) **Никто** не знает, где сейчас Антон.

- '의문사'가 주어로 쓰인 경우

    (13) **Кто** пришёл первым в этой эстафете?

    (14) **Что** здесь происходит? Что с вами?

- '명사 + 명사'가 주어로 쓰인 경우

    (15) Где находится **гостиница** «**Москва**»?

- 'мы с + 조격'(나와 나의 ...)가 주어로 쓰인 경우

    (16) Вчера **мы с мамой** ходили в театр.

- '주격 + 복수 생격'이 주어로 쓰인 경우

    (17) **Группа студентов** посетила музей искусств.

❷ 서술어로 쓰입니다.

- '명사의 주격'이 서술어로 쓰인 경우

    (18) Некоторые думают, что любой человек из России — **русский**. Это совсем не так.

    (19) Ты просто **гений**. Это очень хорошая идея.

- '형용사 + 명사의 주격'이 서술어로 쓰인 경우

    (20) Александр Сергеевич Пушкин **великий русский поэт.**

    (21) Дима Билан очень **популярный артист.** У него много поклонников.

    (22) Мой друг **хороший специалист** в области биофизики.

- '형용사 장어미형의 주격'이 서술어로 쓰인 경우

    (23) Моя сестра очень **любознательная.** Она много читает и путешествует.

     형용사의 단어미형도 서술어로 쓰입니다.

    (24) И дым отечества нам **сладок** и **приятен**. - А.С.Грибоедов «Горе от ума»

- 'один из + 복수 생격'이 서술어로 쓰인 경우

    (25) Андерсен **один из немногих писателей** в мировой литературе, которому удалось выразить свои мысли, чувства и отношение к жизни в сказке.

- '주격 + это + 주격' 구문

    (26) Карлсон — это **забавный герой** детской сказки.

    (27) Патриот — это **человек**, который любит свою родину.

- '주격 + 생격'이 서술어로 쓰인 경우

    (28) Краткость — **сестра таланта.** *(А.П.Чехов)*

    (29) Василий Васильевич Кандинский **основоположник абстракционизма.**

- 부정문에서 'не + 주격'이 서술어로 쓰인 경우

    (30) Один в поле **не воин.**

> **'каждый'**(모든, 매(일, 주, 달))의 단수 주격 형태를 외웁시다!
>
> **'каждый + 남성명사 단수 주격'**
>
>   **Каждый человек** достоин уважения.
>   모든 사람은 존중 받을 권리가 있다.
>
> **'каждая + 여성명사 단수 주격'**
>
>   О чём мечтает **каждая женщина**?
>   모든 여성들이 꿈꾸는 것은 무엇일까요?
>
> **'каждое + 중성명사 단수 주격'**
>
>   **Каждое озеро** уникально.
>   호수는 저마다 고유의 특성을 지니고 있다.

❸ 'нравиться'가 들어간 문장에서 마음에 드는 대상을 주격으로 표현합니다.

нравиться 동사는 '~를 …가 마음에 들어 하다'라는 뜻을 갖고 있는데, 마음에 들어 하는 주체, 즉, '누구 맘에 드는가'를 여격으로 표현하며, 마음에 드는 대상, 즉, '무엇이 마음에 드는가'는 주격으로 표현합니다. 해석을 하면, 〈여격〉은 〈주격〉을 마음에 들어 하다가 됩니다.

> 그럼, 예문을 보기에 앞서 нравиться 동사의 변화형을 같이 공부해 볼까요?
>
> | | |
> |---|---|
> | я нравлюсь | мы нравимся |
> | ты нравишься | вы нравитесь |
> | он/она/оно нравится | они нравятся |

- '(지시 대명사+형용사) + 남성명사'가 주격으로 쓰인 경우

    (31) Нам очень нравится **этот новый журнал**.

    (32) Вам нравится **этот русско-корейский словарь**?

- '(지시 대명사+형용사) + 여성명사'가 주격으로 쓰인 경우

    (33) Мне не нравится **эта красная машина**.

    (34) Тебе нравится **эта кожаная сумка**?

- '(지시 대명사+형용사) + 중성명사'가 주격으로 쓰인 경우

    (35) Моей маме нравится **это фиолетовое пальто**.

    (36) Вам нравится **это старинное здание**?

- '(지시 대명사+형용사) + 복수 명사'가 주격으로 쓰인 경우

    (37) Мне нравятся **эти французские духи**.

    (38) Тебе не нравятся **эти серебряные часы**?

무조건 외웁시다!

весь(하나도 남김 없이, 모두)의 주격 형태를 외웁시다!

'весь + 남성 단수 주격'

Весь мир знает Элвиса Пресли.
엘비스 프레슬리는 전 세계적으로 유명하다.

'вся + 여성 단수 주격'

Сейчас **вся Москва** читает книги Бориса Акунина.
요즘은 모스끄바 사람이라면 누구나 보리스 아꾸닌의 책을 읽는다.

'всё (+ 중성 단수 주격 명사 없이)'는 '모두, 모든 것'

Теперь **всё** понятно. 이제는 모든 것이 이해가 된다.

'все+ (복수)명사'

Все счастливые **семьи** похожи друг на друга, каждая несчастливая семья несчастлива по-своему. *-Л.Н.Толстой «Анна Каренина»*
행복한 가족들은 모두 비슷하지만, 모든 불행한 가족들은 불행한 이유가 제각각이다.
−레프 똘스또이의 «안나 까레니나»

❹ 형용사 нужен은 필요로 하는 주체, 즉, '누구에게 (필요한가)'는 여격으로 표현하며, 필요의 대상, 즉, '무엇이 (필요한가)'는 주격으로 표현합니다.

- 'нужен + 남성명사의 주격'이 쓰인 경우

    (39) Моему брату **нужен** строгий **костюм**. У него скоро собеседование.

    (40) Сейчас моему дяде **нужен отдых**. Недавно ему сделали операцию.

- 'нужна + 여성명사의 주격'이 쓰인 경우

    (41) Маме **нужна** новая стиральная **машина**, потому что старая пришла в негодность.

    (42) Моему другу **нужна** тёплая зимняя **куртка**, потому что скоро зима.

- 'нужно + 중성명사의 주격'이 쓰인 경우

    (43) Лизе **нужно** красивое вечернее **платье**, потому что её часто приглашают на свадьбу.

- 'нужны + 복수명사'의 주격이 쓰인 경우

    (44) Марине **нужны** тёплые кожаные **сапоги**, потому что старые сапоги сломались.

    (45) Моей дочери **нужны перчатки**. У неё мерзнут руки.

무조건 외웁시다!

'любой (아무 ~나)'의 주격 형태를 외웁시다!

'любой (+ 남성명사 단수 주격)'

Любой женился бы на ней!
남자라면 누구나 그녀와 결혼하고 싶어 할 것이다.

'любая + 여성명사 단수 주격'

Любая дорога где-нибудь кончается.
모든 길엔 끝이 있다.

'любое + 중성명사 단수 주격'

Ты можешь выбрать **любое украшение**, которое тебе понравится.
네 마음에 드는 악세사리를 골라 봐. 뭐든 괜찮아.

'любые + 복수 명사 주격'

Если ты рядом, я могу решить **любые проблемы.**
네가 내 옆에 있으면, 나는 어떤 문제도 두렵지 않아.

II 생격

1 단수/복수 생격 형태

❶ 단수 생격 만드는 법

남성명사	여성명사	중성명사
1) 자음으로 끝나면, 뒤에 -a를 붙입니다. телевизор → телевизора магазин → магазина ноутбук → ноутбука учебник → учебника	1) -а로 끝나면, -а를 떼고 -ы를 붙입니다. машина → машины война → войны страна → страны	1) -о로 끝나면, -о를 떼고 -а를 붙입니다. письмо → письма яблоко → яблока
2) -й나 -ь로 끝나면, 각각 -й와 -ь을 떼고 -я를 붙입니다. музей → музея Андрей → Андрея словарь → словаря писатель → писателя	2) -я나 -ь로 끝나면, 각각 -я와 -ь을 떼고 -и를 붙입니다. деревня → деревни традиция → традиции информация → информации трагедия → трагедии тетрадь → тетради жизнь → жизни смерть → смерти ночь → ночи	2) -е로 끝나면, -е를 떼고 -я를 붙입니다. море → моря упражнение → упражнения общежитие → общежития
	3) 불규칙 мать → матери дочь → дочери	3) -мя로 끝나면, -мя를 -мени로 바꿉니다. время → времени имя → имени

❷ 복수 생격 만드는 법

남성명사	여성명사	중성명사
1) 자음으로 끝나면 뒤에 -ов를 붙입니다. инженер → инженер**ов** студент → студент**ов** профессор → профес-сор**ов**	1) -а로 끝나면, -а를 떼어 냅니다. машин**а** → машин стран**а** → стран книг**а** → книг	1) -о로 끝나면, -о를 떼어냅니다. государств**о** → государств посольств**о** → посольств яблок**о** → яблок
2) -й로 끝나면, -й를 떼고 -ев를 붙입니다. музе**й** → музе**ев** геро**й** → геро**ев**	2) -я로 끝나면, -я를 떼고 -ь을 붙입니다. тёт**я** → тёт**ь** нян**я** → нян**ь**	2) -е로 끝나면, -е를 떼고 -ей를 붙입니다. мор**е** → мор**ей** пол**е** → пол**ей**
3) -ь로 끝나면, -ь을 떼고 -ей를 붙입니다. учител**ь** → учител**ей** вратар**ь** → вратар**ей** словар**ь** → словар**ей** рубл**ь** → рубл**ей**	3) -ь로 끝나면, -ь을 떼고 -ей를 붙입니다. двер**ь** → двер**ей** тетрад**ь** → тетрад**ей** площад**ь** → площад**ей**	3) -ие로 끝나면, -ий로 바꿉니다. общежит**ие** → общежи-т**ий** здан**ие** → здан**ий**
4) -ж, -ч, -ш, -щ로 끝나면, 끝에 -ей를 붙입니다. врач → врач**ей** карандаш → каранда-ш**ей** нож → нож**ей** падеж → падеж**ей**	4) -ия로 끝나면, -ий로 바꿉니다. традиц**ия** → традиц**ий** станц**ия** → станц**ий**	4) -мя로 끝나면, -мён로 바꿉니다. вре**мя** → вре**мён** и**мя** → и**мён**

✽ 항상 복수로 쓰이는 명사들은 아래와 같이 변합니다.
носки → носков, джинсы → джинсов, обои → обоев, часы → часов, деньги → денег, туфли → туфель, ...

✽ -анин, -янин로 끝나는 명사들은 끝의 -ин을 떼어 냅니다.
гражданин → граждан, англичанин → англичан, христианин → христиан, ...

✽ 복수 생격 어미가 -ей인 다음의 명사들은 외워 둡시다.
свеча → свечей, статья → статей, семья → семей, ясли → яслей, ...

* -ец, -ок로 끝나는 남성명사는 격변화할 때 각각 -е, -о가 없어집니다.
отец → отцов, потолок → потолков, рынок → рынков, подарок → подарков, ...

* 어간이 -сн, -кл, -нц, -вн, -шк, -ск로 끝나는 경우는 -о나 -е가 들어갑니다.
песня → песен, кукла → кукол, полотенце → полотенец, деревня → деревень,
кошка → кошек, доска → досок, ...

무조건 외웁시다!

불규칙 명사의 변화형을 외웁시다.

друг → друзья → друзей
брат → братья → братьев
сестра → сёстры → сестёр
стул → стулья → стульев
сын → сыновья → сыновей
дочь → дочери → дочерей
мать → матери → матерей

2 생격의 용법

❶ 소유자

(1) **У Анны и Виктора** был роман. Он продлился пять месяцев.

(2) **У дяди** русского композитора Михаила Ивановича Глинки был хороший оркестр из музыкантов-крестьян.

(3) Анна Ивановна, я знаю, что **у вас** есть русско-английский словарь. Не одолжите мне его?

(4) **У вас** есть проблемы со здоровьем?

■ у кого~ 구문

(5) **У меня** к вам просьба. Не могли бы вы отредактировать мою статью?

(6) -Андрей, **у меня** к тебе предложение: давай сходим на футбол.
   -Извини, не хочется. Давай сходим в другой раз.

(7) - Алло! Виктор Андреевич? **У меня** к вам срочное дело. Я хочу посоветоваться с вами по поводу расписания.
   - Это не телефонный разговор. Зайдите ко мне, пожалуйста.

(8) - На что вы жалуетесь?
   - **У меня** болит горло.

(9) - Наташа, что **у тебя** с волосами?!
- Ты плохо разбираешься в моде. Эта причёска самая популярная в этом сезоне.

(10) - Какие **у тебя** планы на завтра?
- Я пойду в кино.

(11) - Виктор Иванович **у себя**?
- Да, у себя. Подождите минутку! Я сейчас узнаю, сможет ли он вас принять.

❷ 부정 생격

(12) Что писать в резюме, если у меня **нет опыта** работы?

(13) Антон! Ты опять опоздал на урок! Чтобы больше **такого не было**!

(14) Уже давно **не было такой снежной зимы**.

(15) У меня **нет никакой информации** по этому вопросу.

(16) - Ты плохо выглядишь сегодня. Ты, что, заболел?
- Да, я простыл. Меня знобит, у меня сильный кашель, но **температуры нет**.

❸ 명사의 뒤에 놓여 그 명사를 수식합니다.

(17) Многие герои **романов русских писателей** жили в Петербурге.

(18) Петербург — не только исторический, но и культурный центр **России**. В Петербурге жили и работали замечательные поэты и писатели.

(19) Масленица начинается в конце **февраля**-начале **марта**. Во время **масленицы** пекут блины и ходят в гости.

❹ 수량 생격

- 숫자 2, 3, 4 다음에는 단수 생격이 옵니다.

(20) Вчера я легла спать в **два часа** ночи. Моя дочь долго не могла уснуть.

(21) В детстве мы с братом очень любили сказку «**Три поросёнка**».

(22) Средняя зарплата в России в апреле 2010 года составляла **20383 рубля**.

(23) В нашей квартире всего **две комнаты**.

- 숫자 5, 6, 7, 8, 9, 10, 11, 12, 13, 14, 15, 16, 17, 18, 19, 20 다음과, 0으로 끝나는 모든 숫자, 즉, 30, 40, 50, 100, 1000 등의 다음에는 복수 생격이 옵니다.

    (24) В современном русском языке **6 падежей**.

    (25) В этой книге **189 страниц**.

    (26) В России в школу дети идут в **6** или **7 лет**, заканчивают ее в **17** или **18 лет**.

    (27) Средняя продолжительность жизни россиян достигла **69 лет**

    (28) Русский язык является родным примерно для **130 миллионов** россиян (92% населения России).

- 집합 수사 двое(총 둘), трое(총 셋), четверо(총 넷), пятеро(총 다섯), шестеро(총 여섯), семеро(총 일곱) 등의 뒤에는 명사의 복수 생격이 옵니다.

    (29) У моей сестры **трое детей**.

    (30) У моей кошки родилось **пятеро котят**.

- много(많이), мало(조금), сколько(얼마나 (많이), 몇), несколько(몇몇), количество(수량), сотни(많은), большинство(대부분) 뒤에는 복수 생격이 옵니다.

много + 복수 생격

(31) Дома у меня **много разных словарей**.

(32) Как заработать **много денег**?

(33) Антон сделал в тесте **много ошибок**. Он плохо занимался в этом семестре.

мало + 복수 생격

(34) У Никиты **мало друзей**. Он необщительный.

сколько + 복수 생격

(35) **Сколько часов** в сутки вы спите?

(36) **Сколько калорий** в одной шоколадной конфете?

(37) **Сколько калорий** в день вам нужно?

(38) **Сколько денег** вам нужно, чтобы не работать?

большинство + 복수 생격

(39) **Большинство иностранцев** находится в Москве нелегально.

(40) **Большинство россиян** в повседневной жизни используют пословицы, поговорки, крылатые выражения.

несколько + 복수 생격

(41) С кем можно оставить ребенка на **несколько часов** в день?

(42) Кризис длился **несколько лет**.

количество + 복수 생격

(43) **Количество миллиардеров** в России увеличилось с 32 до 62.

(44) **Сотни людей** пришли на благотворительный концерт.

❺ 비교급 다음에 'чем(~보다) + 주격' 대신 바로 생격이 오기도 합니다.

(45) Брат **моложе меня** на 2 года.

(46) Ребенок **больше всех** на свете любит свою мать.

(47) Жители Токио спят **меньше всех людей** на планете из-за напряженной работы.

(48) Сегодня наша дочь проснулась **раньше обычного**.

❻ 생격 지배 전치사

■ 전치사 y

① '소유자'

(49) **У меня** есть брат Никита. Он ещё учится в школе.

② '~근처에, 바로 옆에'

(50) **У памятника** Пушкину всегда лежат живые цветы.

(51) **У побережья** Чили произошло землетрясение.

■ 전치사 около '근처에, 대략~'

(52) Давай встретимся завтра **около ресторана** «Ёлки-палки».

(53) **Около восьмидесяти** процентов населения России составляют русские.

(54) Дом моих родителей находится **около кинотеатра** «Ударник».

- 전치사 без '~없이, ~빼고'

    (55) Пожалуйста, кофе **без сахара.**

    (56) Многие предпочитают обходиться **без кофе**.

    (57) Похоже, что так всю жизнь и проживёшь **без собаки**, - с горечью сказал Малыш. *- А. Линдгрен «Малыш и Карлсон»*

- 전치사 с '~로부터'

    (58) Наташа вернулась **с прогулки.**

    (59) Он пришёл **с работы** поздно вечером.

    (60) - Виктор на месте?
    - Он у нас больше не работает. Он сам решил уйти **с этой работы**.

- 전치사 из '~로부터'

    (61) Анна и Антон вышли **из магазина** и направились домой.

    (62) Назовите страну, **из которой** вы приехали.

    (63) Папа привез нам **из России** много подарков.

- 전치사 из-за '~ 때문에'

    (64) Я нервничаю **из-за трудного проекта** на работе.

❼ 관용구

(65) Моя благодарность **не знает границ**.

(66) Что с вами? Вы больны или что-то случилось? **На** вас **лица нет**.

(67) В этой ситуации я **не вижу никакой трагедии**.

(68) Его хладнокровие **вывело** её **из себя**. *- И.Гончаров «Обыкновенная история»*

(69) Как только я остался один в этом тихом уголке, вдруг все мои прежние мысли и воспоминания **выскочили у меня из головы**. *–Л.Толстой «Юность»*

(70) Наташа **не видит выхода из** этой ситуации.

(71) Моя дочь **похожа на** свою бабушку, **как две капли воды**.

(72) У вас хорошее **чувство юмора**.

(73) На улице **льёт как из ведра**. Я **промок до нитки**!

(74) Я **устала от** твоих бесконечных **отказов**.

(75) Я виновата перед вами. Мне **нет оправдания**.

(76) - Верчусь целый день как белка в колесе и всё равно ничего не успеваю!
 - А ты отложи часть дел на завтра, всё равно **всех дел не переделаешь**.

(77) - Всё, продаю машину. Ремонт, бензин, пробки - не могу больше, **сыта по горло**.
 - Ты **с ума сошла**!

(78) Могу я поговорить с вами **с глазу на глаз**? - *А.Вампилов «Прощание в июне»*

(79) Все вчера **смеялись до упаду**.

(80) Он **дня прожить не может без** шуток.

(81) **У меня не хватило терпения** довести это дело до конца.

(82) - Она теперь в Ярославле поселилась.
 - Но ты имеешь верные сведения?
 - Вернейшие ... **из первых рук**! - *И.С.Тургенев «После смерти»*

❽ 속담 및 격언

(83) У страха глаза велики.

(84) У стен есть уши.

(85) У семи нянек дитя без глаза.

(86) Нет дыма без огня.

(87) Нет розы без шипов.

(88) На вкус и на цвет товарищей нет.

(89) Без труда не вынешь и рыбку из пруда.

(90) Утро вечера мудренее.

(91) Старый друг лучше новых двух.

III 여격

1 단수/복수 여격 형태

❶ 단수 여격 만드는 법

남성명사	여성명사	중성명사
1) 자음으로 끝나면, 끝에 -у를 붙입니다. телевизор → телевизору магазин → магазину компьютер → компьютеру учебник → учебнику	1) -а, -я로 끝나면, 각각 -а와 -я를 떼고 -е를 붙입니다. машина → машине война → войне страна → стране деревня → деревне	1) -о로 끝나면, -о를 떼고 -у를 붙입니다. письмо → письму яблоко → яблоку
2) -й나 -ь로 끝나면, 각각 -й와 -ь을 떼고 -ю를 붙입니다. музей → музею Андрей → Андрею словарь → словарю писатель → писателю	2) -ия로 끝나면, -ия대신 -ии를 붙입니다. традиция → традиции информация → информации трагедия → трагедии 3) -ь로 끝나면, -ь을 떼고 -и를 붙입니다. тетрадь → тетради жизнь → жизни смерть → смерти ночь → ночи	2) -е로 끝나면, -е를 떼고 -ю를 붙입니다. море → морю упражнение → упражнению общежитие → общежитию
	4) 불규칙 мать → матери дочь → дочери	3) -мя로 끝나면, -мя를 -мени로 바꿉니다. время → времени имя → имени

* отец, рынок처럼 -ец, -ок로 끝나는 남성명사들은 -о, -е를 떼고 격변화시킵니다.
따라서 отец → отцу, рынок → рынку가 됩니다.

❷ 복수 여격 만드는 법

어미 -ам을 붙이는 경우	어미 -ям을 붙이는 경우
1) 자음으로 끝나는 남성명사는 끝에 -ам을 붙입니다. стол → стол**ам** дом → дом**ам** учебник → учебник**ам** магазин → магазин**ам**	1) -й, -ь로 끝나는 남성명사는 각각 -й와 -ь을 떼고 -ям을 붙입니다. музей → музе**ям** санаторий → санатори**ям** словарь → словар**ям** календарь → календар**ям**
2) -а로 끝나는 여성명사는 끝에 -м을 더 넣습니다. машин**а** → машин**ам** стран**а** → стран**ам** квартир**а** → квартир**ам**	2) -я, -ь으로 끝나는 여성명사는 각각 -я와 -ь을 떼고 -ям을 붙입니다. деревн**я** → деревн**ям** аудитори**я** → аудитори**ям** площад**ь** → площад**ям**
3) -о로 끝나는 중성명사는 -о를 떼고 -ам을 붙입니다. окн**о** → окн**ам** письм**о** → письм**ам** озер**о** → озёр**ам**	3) -е로 끝나는 중성명사는 -е를 떼고 -ям을 붙입니다. мор**е** → мор**ям** общежити**е** → общежити**ям** упражнени**е** → упражнени**ям**

＊ христианин처럼 -нин으로 끝나는 명사는, 끝에 있는 -ин을 떼고 -ам을 붙여서 복수 여격을 만듭니다.
＊ время처럼 -мя로 끝나는 중성명사의 여격은 временам이 됩니다.
＊ ночь의 복수여격은 (по) ночам입니다.

❷ 여격의 용법

❶ '〜에게'라는 행위가 미치는 대상

여격을 필요로 하는 동사들

+ кому? чему?

　　улыбаться(НСВ) / улыбнуться(СВ) 미소 짓다
　　говорить(НСВ) / сказать(СВ) 말하다
　　рассказывать(НСВ) / рассказать(СВ) 이야기하다
　　сообщать(НСВ) / сообщить(СВ) 알려 주다

объявлять(НСВ) / объявить(СВ) 발표하다

звонить(НСВ) / позвонить(СВ) 전화하다

давать(НСВ) / дать(СВ) 주다

дарить(НСВ) / подарить(СВ) 선물하다

покупать(НСВ) / купить(СВ) 구매하다, 사다

писать(НСВ) / написать(СВ) (편지 등을) 쓰다

посылать(НСВ) / послать(СВ) (엽서 등을) 보내다

отправлять(НСВ) / отправить(СВ) 보내다, (돈 등을) 송금하다

советовать(НСВ) /посоветовать(СВ) 조언하다

рекомендовать(НСВ) / порекомендовать(СВ) 추천하다

гарантировать(НСВ) 보장하다

объяснять(НСВ) / объяснить(СВ) 설명하다

мешать(НСВ) / помешать(СВ) 방해하다

надоедать(НСВ) / надоесть(СВ) (~하는 것이) 질리다

верить(НСВ) / поверить(СВ) (~의 말 등을) 믿다

доверять(НСВ) 신뢰하다

нравиться(НСВ) / понравиться(СВ) 마음에 들다

радоваться(НСВ) / обрадоваться(СВ) 기뻐하다

помогать(НСВ) / помочь(СВ) 도와주다

показывать(НСВ) / показать(СВ) 보여 주다

разрешать(НСВ) / разрешить(СВ) 허락하다

запрещать(НСВ) / запретить(СВ) 금지하다

предпочитать(НСВ) / предпочесть(СВ) + что? + чему? (대격)을 (여격)보다 선호하다

+ к кому? к чему?

привыкать(НСВ) / привыкнуть(СВ) ~에 익숙하다, 적응하다

обращаться(НСВ) / обратиться(СВ) ~에게 호소하다

주체를 여격으로 표현하는 동사들

казаться(НСВ) / показаться(СВ) ~인 것처럼 여겨지다, ~인 것 같다

удаваться(НСВ) / удаться(СВ) ~을 해 내다

приходиться(НСВ) / прийтись(СВ) (어쩔 수 없이) ~할 수 밖에 없다

[예문]

(1) Моя собака всегда радуется **моему приходу**.

(2) Я люблю дарить подарки **своим близким**.

(3) Мне надо сегодня обязательно позвонить **научному руководителю**.

(4) Алёна позавидовала **успеху** своей подруги.

(5) Компания гарантирует **клиентам** качество своей продукции.

(6) **Ему** удалось поступить в Сеульский Государственный университет.

(7) Мать разрешила **дочери** пойти на вечеринку к подруге.

(8) Привыкайте к **тому**, что зимы в России холодные!

(9) Игорь предпочитает квас **пиву**.

(10) Ирина, помоги **мне** подготовиться к экзамену.

(11) Конферансье объявил **зрителям** о начале концерта.

(12) Как вы **мне** надоели!

(13) Большинство россиян не доверяет **банкам**.

(14) Антон Павлович Чехов очень скучал по **русской северной природе**.

(15) Советую **тебе** посмотреть мультфильм «Чебурашка».

нравиться 동사는 마음에 들어 하는 주체를 여격으로 표현합니다.

(16) **Мне** совершенно не понравился этот фильм.

(17) - Маша, **тебе** не нравится твоя работа?
      - Здравствуйте![здрасте!] Кто тебе сказал?

❷ 여격 주체를 필요로 하는 부사 또는 필연성을 나타내는 단어들

надо 해야 한다, нужно 필요가 있다, необходимо 불가피하다, следует 해야 한다(문어체), ...

(18) Сегодня **нам надо** пойти в поликлинику к врачу.

(19) **Тебе нужно** регулярно заниматься. Иначе не поступишь в университет..

(20) **Вам необходимо** закончить эту работу до пятницы.

(21) Сколько калорий в день **нам необходимо**?

(22) Сколько часов сна **нам необходимо**?

(23) **Тебе следует** предупредить родителей.

❸ 감정이나 상태를 나타내는 부사가 술어로 쓰이는 경우, 주체는 여격으로 표현합니다.

(24) **Моим родителям** очень **грустно**, потому что брат ушел в армию.

(25) - Анна Ивановна! **Мне плохо**.
 - Что с тобой? У тебя что-то болит?
 - **Мне холодно** и меня тошнит.

❹ 운동동사와 함께 방향을 나타냅니다.

- + к кому? к чему?

    идти(НСВ) / ходить(НСВ) 가다/다니다

    ехать(НСВ) / ездить(НСВ) (타고) 가다/ (타고) 다니다

    пойти(СВ), поехать(СВ) (걸어서) 출발하다, (타고) 출발하다

    приезжать(НСВ) / приехать(СВ) (타고) 도착하다

    проезжать(НСВ) / проехать(СВ) (타고) 지나가다

    подходить(НСВ) / подойти(СВ) (걸어서) 접근하다

(26) - Зачем ты **подходил к полицейскому**?
 - Я **подходил к нему,** чтобы спросить, как проехать **к Эрмитажу**.

(27) Автобус **подошёл к автобусной остановке**.

(28) После спектакля режиссёр сам **к вам подойдёт**.

❺ 여격 지배 전치사

전치사 к '〜무렵에 (연령, 시간 등)'

(29) Я закончу эту статью **к пятнице**.

(30) **К двум часам** мне надо быть в центре.

- экзамен 시험, тест 테스트, учебник 교과서 + по + чему (과목)...

    (31) Можно у тебя взять **учебник по русскому языку**?

    (32) **Экзамен по русскому языку** не очень трудный.

    (33) Скоро у нас **тест по английскому языку**.

❻ 관용구

(34) Давай, Давыдов, вечером соберёмся и поговорим **по душам**. - *М.Шолохов «Поднятая целина»*

(35) Максим **безразличен ко всему**.

(36) От отчаяния Ольга **близка к самоубийству**.

(37) Эта шутка **не к месту**.

(38) Нам Италия сейчас **не по карману**, мы лучше в Японии отдохнём.

(39) Мне кажется, что вы **принимаете** пустяки уж слишком **близко к сердцу**.

(40) - Бедный Пиноккио, **мне** тебя вправду очень **жаль**!
    - Почему тебе меня жаль?
    - Потому что ты деревянный человечек и, хуже того, у тебя деревянная голова. - *К.Коллоди «Приключения Пиноккио»*

IV 대격

1 단수/복수 대격 형태

❶ 단수 대격 만드는 법

남성명사 (활동체)	여성명사	중성명사
1) 자음으로 끝나면, 끝에 -a를 붙입니다. студент → студентa друг → другa кот → котa инженер → инженерa химик → химикa биолог → биологa адвокат → адвокатa пианист → пианистa	1) -a로 끝나면, -a를 떼고 -y를 붙입니다. машинa → машинy войнa → войнy странa → странy картинa → картинy	1) -o로 끝나면, 주격과 동일합니다. письмo → письмo яблокo → яблокo окнo → окнo озерo → озерo посольствo → посольствo словo → словo
	2) -я로 끝나면, -я를 떼고 -ю를 붙입니다. деревня → деревню традиция → традицию информация → информацию трагедия → трагедию	
2) -й나 -ь로 끝나면, 각각 -й와 -ь을 떼고 -я를 붙입니다. Андрей → Андрея Сергей → Сергея секретарь → секретаря писатель → писателя	3) -ь로 끝나면, 주격과 동일합니다. тетрадь → тетрадь жизнь → жизнь смерть → смерть ночь → ночь мать → мать дочь → дочь	2) -e로 끝나면, 주격과 동일합니다. море → море здание → здание общежитие → общежитие
		3) -мя로 끝나면, 주격과 동일합니다. время → время имя → имя

대격 31

❷ 복수 대격 만드는 법

남성명사 (활동체)	여성명사(활동체)	중성명사
1) 자음으로 끝나면, 끝에 -ов를 붙입니다. студент → студент**ов** бизнесмен → бизнесмен**ов** кот → кот**ов** инженер → инженер**ов** химик → химик**ов** биолог → биолог**ов** адвокат → адвокат**ов** пианист → пианист**ов**	1) -а로 끝나면, -а를 떼어냅니다. женщин**а** → женщин студенк**а** → студенток девушк**а** → девушек бабушк**а** → бабушек *нка는 нок으로, шка, жка, чка, щка는 각각 шек, жек, чек, щек으로 바뀝니다.	1) -о로 끝나면, -о를 떼어내고 -а를 붙입니다. письм**о** → письм**а** посольств**о** → посольств**а** озер**о** → озёр**а** 단, яблок**о** → яблок**и**
2) -й로 끝나면, -й를 떼고 -ев를 붙입니다. герой → геро**ев**	2) -я로 끝나면, -я를 떼어내고 -ь를 붙입니다. тёт**я** → тёт**ь** нян**я** → нян**ь**	2) -е로 끝나면, -е를 떼어내고 -я를 붙입니다. мор**е** → мор**я** пол**е** → пол**я** здани**е** → здани**я** упражнени**е** → упражнени**я** общежити**е** → общежити**я**
3) -ь로 끝나면, -ь를 떼고 -ей를 붙입니다. преподавател**ь** → преподавател**ей** секретар**ь** → секретар**ей** вратар**ь** → вратар**ей** писател**ь** → писател**ей**	3) -ь로 끝나는 활동체 명사는 -ь를 떼어내고 -ей를 붙입니다. лошад**ь** → лошад**ей** мыш**ь** → мыш**ей**	3) -мя로 끝나면 -мя를 -мена로 바꿉니다 вре**мя** → вре**мена** и**мя** → и**мена**
	4) 비활동체 명사의 대격은 주격과 동일합니다. площад**и** → площад**и** ноч**и** → ноч**и**	
	5) 불규칙 мать → матерей дочь → дочерей	

∗ 비활동체 남성명사(예: телевизор, дом, город)의 대격은 주격과 동일합니다. (단수 복수 동일)
∗ 비활동체 여성명사의 복수 대격은 복수 주격과 동일합니다.
∗ 중성명사 역시 대부분이 비활동체이므로, 대격은 주격과 동일합니다. (예외: насекомое, ...)

2 대격의 용법

❶ 행위가 미치는 대상

해석은 보통 '~을/를'로 하며 주로 대격을 필요로 하는 동사들과 함께 쓰입니다. 전치사 없이 대격을 필요로 하는 동사들을 '타동사'라고 합니다.

- 타동사 + что

  делать(НСВ) / сделать(СВ) 하다, 만들다

  выполнять(НСВ) / выполнить(СВ) 이행하다, (임무를) 완수하다

  бить(НСВ) / побить(СВ) 때리다

  есть(НСВ) / поесть, съесть(СВ) 먹다 / 조금 먹다, 다 먹다

  пить(НСВ) /попить, выпить(СВ) 마시다 / 조금 마시다, 다 마시다

  убирать(НСВ) / убрать(СВ) (방이나 집 등을) 청소하다

  читать(НСВ) / прочитать(СВ) (책 등을) 읽다

  понимать(НСВ) / понять(СВ) 이해하다, 알아듣다

  писать(НСВ) / написать(СВ) (편지 등을) 쓰다

  слушать(НСВ) / послушать(СВ) 듣다

  говорить(НСВ) / сказать(СВ) 말하다

  рассказывать(НСВ) / рассказать(СВ) 이야기하다

  учить(НСВ) / выучить(СВ) (시, 단어 등을) 외우다, 공부하다

  изучать(НСВ) / изучить(СВ) 공부하다, 연구하다

  смотреть(НСВ) / посмотреть(СВ) 응시하다, 보다

  видеть(НСВ) / увидеть(СВ) 보다, (~가) 보이다

  знать(НСВ) / узнать(СВ) 알다

  покупать(НСВ) / купить(СВ) 구매하다, 사다

  готовить(НСВ) / приготовить(СВ) (음식을) 만들다, 요리하다

  брать(НСВ) / взять(СВ) 가져가다, (택시 등을) 잡다

  искать(НСВ) / найти(СВ) 찾아보다 / 찾아내다

  забывать(НСВ) / забыть(СВ) 잊어버리다

  терять(НСВ) / потерять(СВ) 잃어버리다

  носить (НСВ) / нести(НСВ) 가지고 다니다 / (한 방향으로) 가지고 가다

держать(НСВ) / подержать(СВ) 쥐고 있다 / 잠시 쥐고 있다
хотеть(НСВ) / захотеть(СВ) 원하다
любить(НСВ) / полюбить(СВ) 사랑하다
открывать(НСВ) / открыть(СВ) 열다, 펼치다, 발견하다, (눈을) 뜨다
закрывать(НСВ) / закрыть(СВ) 닫다, (펼쳐진 것을) 덮다, (눈을) 감다
проверять(НСВ) / проверить(СВ) 확인하다, (숙제 등을) 검사하다
оформлять(НСВ) / оформить(СВ) (문서, 서류 등을) 만들다, 작성하다, 접수해서 승인이 나다
подписывать(НСВ) / подписать(СВ) (문서 등에) 서명하다

- 타동사 + кого?

    слышать(НСВ) / услышать(СВ) 들리다
    понимать(НСВ) / понять(СВ) 이해하다
    встречать(НСВ) / встретить(СВ) 만나다
    спрашивать(НСВ) / спросить(СВ) 물어보다
    просить(НСВ) / попросить(СВ) 부탁하다
    ругать(НСВ) / наругать(СВ) 나무라다, 비판하다, 실컷 욕하다
    поздравлять(НСВ) / поздравить(СВ) + кого(4) с чем(5) (대격)에게 (조격)을 축하하다
    приглашать(НСВ) / пригласить(СВ) + кого + куда (대격)을 (대격)으로 초대하다
    уважать(НСВ) + кого + за что (대격)을 (대격)으로 인해 존경하다

- играть / поиграть + во что '~(운동)을 하다'

- 'на + 대격'을 요구하는 동사

    смотреть(НСВ) / посмотреть(СВ) ~을 응시하다, 바라보다
    надеяться(НСВ) / понадеяться(СВ) ~에게 희망을 걸다, 기대하다
    жаловаться(НСВ) / пожаловаться(СВ) (на кого) ~에게 불만을 갖다, (на что) ~증상을 호소하다

[예문]

(1) Елена Ивановна, извините, я не сделала **упражнение**. Не поняла **задание**.

(2) Я советую вам прочитать **роман** «Моя Бонсун».

(3) Ребята, все пришли? Ну, тогда проверим **домашнее задание**.

(4) - У меня сломалась стиральная машина.
  - Тебе нужно вызвать **мастера**.

(5) - Я возьму **фруктовое мороженое**.
  - Я хочу **чёрный чай** с лимоном.

(6) - **Какое мороженое** вы больше всего любите?
  - Я не люблю **мороженое**. Я люблю **пирожные, эклеры и торты**.

(7) Ты что, заболел? **Температуру** мерил?

(8) Принимайте **это лекарство** три раза в день после еды.

(9) Ирина спокойно приняла **дорогой подарок**.

(10) **Горло** надо полоскать.

(11) Джон пригласил **свою девушку** в дорогой ресторан, чтобы сделать ей **предложение**.

(12) Будьте добры, скажите, пожалуйста, где можно отправить **факс**?

(13) Я хотел бы послать **посылку** в Америку.

(14) **На что** жалуетесь? Я **вас** внимательно слушаю.

(15) Мы с Таней случайно купили **одинаковые сумки**.

(16) Я убирала **квартиру** целый день.

(17) Студенты попросили **преподавателя** объяснить **новые слова и выражения**.

(18) Павел отлично выполнил **трудное задание**.

(19) Получать **письма** от своего любимого всегда приятно.

(20) Нельзя бить **животных**.

(21) Мы хотим закрыть **банковский счёт**.

(22) Вы разрешите оставить Наташе **конфеты**?

(23) Мой брат любит **играть в компьютерные игры**. Все свободное время он сидит за компьютером, поэтому родители **его** ругают.

(24) К вечеру мне надо закончить **все дела**: просмотреть **документы**, оформить **контракты**, подписать **договора**.

(25) Моя подруга блестяще закончила **учёбу** в университете.

❷ 시간의 대격

■ 요일을 나타낼 때

в понедельник 월요일에, во вторник 화요일에, в среду 수요일에, в четверг 목요일에, в пятницу 금요일에, в субботу 토요일에, в воскресенье 일요일에

(26) **В понедельник** мы с мамой поедем за город.

(27) **В следующее воскресенье** я поеду в город Чхончу по делам.

■ 빈도를 나타낼 때

каждый день 매일, каждый месяц 매달, каждый год 매년, каждую неделю 매주, раз в неделю 일주일에 한 번, раз в месяц 한 달에 한 번, …

(28) **Каждое лето** мы отдыхаем у бабушки в деревне.

(29) Я хожу в фитнес-клуб **раз в неделю**.

■ 일정한 기간을 나타낼 때 (~동안)

всю дорогу 여행 내내, всю неделю 일주일 내내, целую неделю 꼬박 일주일 동안, целый месяц 꼬박 한 달, целый год 꼬박 일 년 동안, …

(30) Молодые люди **всю дорогу** разговаривали.

(31) Она **всю жизнь** мечтала побывать в Париже.

(32) Виктор **целую неделю** работал над новым проектом.

❸ 운동동사와 함께 쓰이는 '방향의 대격'

(33) В детстве Нина часто **ходила в цирк**.

(34) Сегодня я свободен, **пойдём в универмаг**!

(35) - Какие у тебя планы на завтра? Что ты будешь делать?
  - Пока не знаю.
  - Тогда давай **пойдём в кино**! Если не хочешь, можем **пойти в кафе**, выпить кофе, поговорить.

❹ 관용구

(36) Я не знаю причины, почему он не **пошёл в гору**, не сделал себе карьеру, как его товарищи.

(37) Я **предлагаю тост.** За нас! За успешное окончание университета!

(38) Он влюбился и **потерял голову** от счастья.

(39) Девушка не была красавицей, это было одно из тех немногих лиц, которые **брасаются в глаза**, даже среди самых избранных красавиц. - *А.Шеллер-Михайлов «Лес рубят, щепки летят»*

(40) Едва гость ушёл, Ольга устало опустилась на кровать. Глаза её наполнились слезами.
— **Возьмите себя в руки**, нельзя же так! — коснулся её плеча Алексей.
- *В. Ажаев «Далеко от Москвы»*

(41) **Влияет** ли изменение погоды **на** ваше **самочувствие**?

(42) Как **действуют на** ваше настроение осенние дожди?

(43) **Нет слов, чтобы выразить** мою **благодарность** за вашу помощь.

(44) **Меня сразила** весть о гибели этого композитора.

(45) **Её** никак **не тронуло сообщение** о катастрофе.

(46) Николай **бесит меня** своим высокомерием.

(47) Я так зла на нее, что мне хочется **оторвать ей голову**.

(48) Учти, мое терпение может лопнуть, тогда я не смогу **за себя отвечать**.

(49) Не надо **над** этим **голову ломать**, всё само собой уладится.

(50) Всё, **шутки в сторону**!

(51) - Будильник на сколько поставил?
 - Давай на пять... Дел у нас завтра **по горло**. - *Г. Семенихин «Над Москвою небо чистое»*

(52) Я **готов был обнимать и целовать каждого**.

(53) Я **ощущал безмерное счастье**.

(54) **Смотри на жизнь** оптимистичнее.

(55) У тебя сынок. Надо его вырастить, **на ноги поставить**. - *Ф.Гладков «Повесть о детстве»*

V 조격

1 단수/복수 조격 형태

❶ 단수 조격 만드는 법

남성명사	여성명사	중성명사
1) 자음으로 끝나면, 끝에 -ом을 붙입니다. телевизор → телевизор**ом** магазин → магазин**ом** парк → парк**ом** учебник → учебник**ом**	1) -а로 끝나면, -а를 떼고 -ой를 붙입니다. машин**а** → машин**ой** войн**а** → войн**ой**	1) -о, -е로 끝나면, -м을 붙입니다. письм**о** → письм**ом** яблок**о** → яблок**ом** мор**е** → мор**ем** общежити**е** → общежити**ем**
2) -й나 -ь로 끝나면, 각각 -й와 -ь을 떼고 -ем을 붙입니다. музе**й** → музе**ем** Андре**й** → Андре**ем** словар**ь** → словар**ём** писател**ь** → писател**ем**	2) -я, -ия로 끝나면, -я를 떼고 -ей를 붙입니다. традиц**ия** → традиц**ией** информац**ия** → информац**ией** трагед**ия** → трагед**ией**	2) -мя로 끝나면, -мя를 -менем로 바꿉니다. вре**мя** → вре**менем** и**мя** → и**менем**
	3) -ь로 끝나면, 끝에 -ю를 붙입니다. жизн**ь** → жизн**ью** смерт**ь** → смерт**ью** ноч**ь** → ноч**ью**	
	4) 불규칙 мать → матерью дочь → дочерью	

❷ 복수 조격 만드는 법

남성명사	여성명사	중성명사
1) 자음으로 끝나면, 끝에 -ами를 붙입니다. телевизор → телевизор**ами** магазин → магазин**ами** компьютер → компьютер**ами** учебник → учебник**ами**	1) -а, -я로 끝나면, -ми를 붙입니다. машин**а** → машин**ами** сумк**а** → сумк**ами** *чь, шь, щь, жь로 끝나는 경우도 -ь를 떼어내고 -ами를 붙입니다. ноч**ь** → ноч**ами**	1) -о로 끝나면, -о를 떼고 -ами를 붙입니다. письм**о** → письм**ами** яблок**о** → яблок**ами**
2) -й나 -ь로 끝나면, 각각 -й와 -ь을 떼고 -ями를 붙입니다. музе**й** → музе**ями** словар**ь** → словар**ями** писател**ь** → писател**ями**	2) -я, -ия로 끝나면 끝에 -ми를 붙입니다. традици**я** → традици**ями** информаци**я** → информаци**ями** трагеди**я** → трагеди**ями**	2) -е로 끝나면, -е를 떼고 -ями를 붙입니다. упражнени**е** → упражнени**ями** общежити**е** → общежити**ями**
	3) 불규칙 люди → люд**ьми** дети → дет**ьми** мать → матерями дочь → дочерьми	3) -мя로 끝나면, -мя를 -менами로 바꿉니다. вре**мя** → вре**менами** и**мя** → и**менами**

❷ 조격의 용법

❶ 전치사 с와 함께 '동반자'를 표현

- + с кем? с чем?

быть(НСВ) ~와 있다, 가다
жить(НСВ) ~와 살다
работать(НСВ) ~와 일하다

учиться(НСВ) ~와 (같은 학교를) 다니다

играть(НСВ) / поиграть(СВ) ~와 놀다(공놀이 등)

танцевать(НСВ) / потанцевать(СВ) ~와 춤추다

обедать(НСВ) / пообедать(СВ) ~와 점심식사하다

завтракать(НСВ) / позавтракать(СВ) ~와 아침식사하다

ужинать(НСВ) / поужинать(СВ) ~와 저녁식사하다

отдыхать(НСВ) / отдохнуть(СВ) ~와 쉬다

заниматься(НСВ) / позаниматься(СВ) ~와 공부하다 / 공부 좀 하다

встречаться(НСВ) / встретиться(СВ) ~와 만나다

видеться(НСВ) / увидеться(СВ) ~와 만나다(встречаться와 동의어)

дружить(НСВ) / подружиться(СВ) ~와 사귀다, 친하다

брать(НСВ) / взять(СВ) (с собой) ~을 가지고 가다

знакомиться(НСВ) / познакомиться(СВ) ~와 알게 되다 / 처음 만나다

говорить(НСВ) / поговорить(СВ) 말하다 / 조금 이야기하다

разговаривать(НСВ) 대화하다

беседовать(НСВ) / побеседовать(СВ) 담화하다

договариваться(НСВ) / договориться(СВ) 합의하다, 약속하다

спорить(НСВ) / поспорить(СВ) 논쟁하다

обсуждать(НСВ) / обсудить(СВ) 논의하다

советоваться(НСВ) / посоветоваться(СВ) 상의하다

поздравлять(НСВ) / поздравить(СВ) 축하하다

фотографироваться(НСВ) / сфотографироваться(СВ) (같이) 사진 찍다

проводить(НСВ) / провести(СВ) (время) (시간을) ~와 함께 보내다

гулять(НСВ) / погулять(СВ) 산책하다

идти(НСВ) / ходить(НСВ) ~에 가다 / 다니다 (도보로)

ехать(НСВ) / ездить(НСВ) ~에 가다 / 다니다(교통 수단 이용)

приезжать(НСВ) / приехать(СВ) 도착하다(교통 수단 이용)

уезжать(НСВ) / уехать(СВ) 떠나다(교통 수단 이용)

целоваться(НСВ) / поцеловаться(СВ) 키스하다

обниматься(НСВ) / обняться(СВ) 포옹하다

расставаться(НСВ) / расстаться(СВ) 헤어지다

здороваться(НСВ) / поздороваться(СВ) 인사하다

прощаться(НСВ) / попрощаться(СВ) 작별인사하다

ругаться(НСВ) / поругаться(СВ) 험한 말로 싸우다, 말다툼하다

[예문]

(1) Мне некогда **с тобой** разговаривать.

(2) Мне бы хотелось **с тобой** посоветоваться. У меня небольшая проблема.

(3) **С будущим мужем** я познакомилась в церкви.

(4) - Могу я поговорить **с директором**?
 - Боюсь, что сейчас это невозможно. В данный момент он на собрании.

(5) В последний раз я виделся **с одноклассниками** пять лет назад.

(6) - До свидания!
 - Увидимся (**с вами**)!

(7) Антон расстался **со своей девушкой** и уехал учиться во Францию.

(8) - Давайте встретимся завтра в 6 часов вечера возле ресторана «Муму».
 - Хорошо. Договорились (**с тобой**)!

(9) Дети не согласились **со мнением** своих родителей.

❷ 전치사 없이 명사나 대명사의 조격을 요구하는 동사들

- + чем? кем?

заниматься(НСВ) 공부하다, ~하다

увлекаться(НСВ) ~에 빠져 있다, (취미가) ~이다

интересоваться(НСВ) ~에 관심이 있다

пользоваться(НСВ) / воспользоваться(СВ) ~을 사용하다

писать(НСВ) / написать(СВ) ~로 쓰다

рисовать(НСВ) / нарисовать(СВ) ~로 그리다

владеть(НСВ) / овладеть(СВ) (언어)를 유창하게 하다

кормить(НСВ) / накормить(СВ) ~을 먹이다

гордиться(НСВ) ~을 자랑스러워하다

любоваться(НСВ) ~의 매력에 빠져들다

восхищаться(НСВ) / восхититься(СВ) ~에 환희하다

являться(НСВ) ~이다

болеть(НСВ) 아프다

отличаться(НСВ) ~로 구별되다, 다르다

ошибаться(НСВ) / ошибиться(СВ) ~을 실수하다, 틀리다

быть(НСВ) ~이다, 되다

становиться(НСВ) / стать(СВ) ~가 되다

работать(НСВ) 직업이 ~이다

[예문]

(10) Как правило, родители гордятся **своими детьми**.

(11) В детстве мой брат увлекался **чтением** приключенческих романов.

(12) В квартире у Михаила много пыли, а он говорит, что не умеет пользоваться **пылесосом**.

(13) Вы ошиблись **номером** (дверью, адресом, кабинетом, комнатой).

(14) На работе Иван Владимирович пользуется **уважением** коллег.

(15) - **Чем** вы занимаетесь в свободное время?
     - Люблю сидеть в интернете.

(16) - Антон Иванович! Скажите, **чем** интересуется ваша дочь? **Музыкой, спортом, политикой, кино**? **Чем**?
     -Трудно ответить. Думаю, что она интересуется **всем**.

(17) Мы искренне восхищаемся **вашей безграничной добротой** и **заботой** о нас.

(18) - **Кем** работает ваш отец? **Врачом**?
     - Он работает **преподавателем**.

(19) 70% населения СНГ владеет **русским языком**.

(20) Его **хлебом** не корми, дай только пошутить.

(21) Нина отличается **легким характером**.

❸ 'над + 조격'을 요구하는 동사들

смеяться + над кем-чем (~을 비웃다), работать + над чем (~작업을 하다)

(22) Миша! Зачем ты надел эту странную шапку? **Над тобой** будут все **смеяться**.

(23) Владимир серьёзно **работает над своей диссертацией**.

❹ 동사 стать와 быть의 과거나 미래형과 함께 사용

(24) - Никита! **Кем** ты хочешь стать в будущем? **Адвокатом**?
- Нет. **Космонавтом**.
- Тогда тебе надо много учиться и заниматься спортом, и ты станешь **умным** и **сильным**.

(25) Ты будешь **самым здоровым** и **сильным** на свете.

❺ 조격의 한정적 용법

(26) Мы с братом обожаем мороженое **с клубникой**.

(27) Какие бутерброды вы предпочитаете, **с копчёным лососем** или **с ветчиной**?

(28) Мне нравятся фильмы **со счастливым концом**.

❻ 시간을 나타내는 조격 지배 전치사

- 전치사 перед '~전에, ~직전에'

    (29) **Перед экзаменом** нам необходимо повторить всю грамматику.

    (30) **Перед Новым годом** в России все покупают ёлочные игрушки и подарки для своих близких.

- 전치사 за '~할 때'

    (31) Иван и Сергей всегда говорят **за обедом** о работе.

    (32) Антон и Саша разговаривают **за обедом**.

❼ 장소를 나타내는 조격 지배 전치사

- 전치사 под '~밑에, ~근교에'

    (33) Родители моей подруги живут **под Москвой**.

    (34) Посмотри! **Под столом** лежит твой карандаш.

    (35) Иван стоит **под дождём**.

- 전치사 за

    ① '~뒤에'

    (36) Я слышу **за дверью** какой-то шум.

    (37) Отец долго сидел **за компьютером**, работал над новым проектом.

    ② '~를 가지러, 사러, 받으러' 등 방문의 목적

    (38) - Где Марина?
    - Она пошла в магазин **за хлебом**.

- 전치사 между '사이에'

    (39) Я от тебя ухожу! **Между нами** всё кончено!

    (40) **Между Ирой** и **Сашей** большая разница в возрасте.

- 전치사 перед '~앞에'

    (41) В очереди **перед ним** стояла молодая симпатичная девушка. «Девушка, можно с вами познакомиться?» - спросил Виктор.

- 전치사 над '~위에'

    (42) **Над столом** в гостиной висела большая красивая люстра.

❽ 수동태에서 행위의 주체 표현

(43) Роман «Анна Каренина» написан **Львом Толстым**.

(44) Уважаемые коллеги! Минуточку внимания! Сегодня **ведущим кардиохирургом** нашей больницы **Николаевым Александром Владимировичем** была проведена очень сложная операция на сердце. Александр Владимирович! Наша больница гордится вашим успехом!

(45) Эта машина недавно куплена **моими родителями**.

❾ 관용구

(46) Ирина **замужем за миллонером**.

(47) Наташа долго ухаживала за **больным мужем**.

(48) Будь поосторожнее с этим человеком. **Держи язык за зубами**!

(49) Я так часто бывала у них раньше, что и теперь **с закрытыми глазами** могу найти их дом.

(50) Саша и Маша **живут как кошка с собакой**.

(51) Когда я работаю, у меня всё должно быть **под рукой**.

(52) Я **виновата перед вами**!

(53) **За вами** ещё три книги.

VI 전치격

1 단수/복수 전치격 형태

❶ 단수 전치격 만드는 법

남성명사	여성명사	중성명사
1) 자음으로 끝나면, 끝에 -e를 붙입니다. город → в городе магазин → в магазине Сеул → в Сеуле ресторан → в ресторане бар → в баре университет → в университете концерт → на концерте стадион → на стадионе	1) -а, -я로 끝나면, 각각 -а와 -я를 떼고 -е를 붙입니다. почта → на почте комната → в комнате квартира → в квартире Москва → в Москве Америка → в Америке деревня → в деревне	1) -о, -е로 끝나면, -е로 바꿉니다. озеро → на озере посольство → в посольстве государство → в государстве море → на море
2) -й나 -ь로 끝나면, 각각 -й와 -ь을 떼고 -е를 붙입니다. музей → в музее Суздаль → в Суздале	2) -ия로 끝나면, -ии로 바꿉니다. Англия → в Англии Франция → во Франции Россия → в России Италия → в Италии	2) -ие로 끝나면, -ие를 -ии로 바꿉니다. общижитие → в общежитии здание → в здании
	3) -ь로 끝나면, -ь을 떼고 -и를 붙입니다. площадь → на площади Сибирь → в Сибири	3) -мя로 끝나면, -мя를 -мени로 바꿉니다. время → во времени имя → в имени

* 장소를 나타내는 전치격 중 예외가 있습니다.
лес → в лесу, пол → на полу, берег → на берегу, шкаф → в шкафу, сад → в саду,
аэропорт → в аэропорту, мост → на мосту, угол → в углу, порт → в порту

❷ 복수 전치격 만드는 법

남성	여성	중성
1) 자음으로 끝나면, 끝에 -ах를 붙입니다. город → в городах ресторан → в ресторанах магазин → в магазинах институт → в институтах завод → на заводах	1) -а로 끝나면, 끝에 -х를 붙입니다. фабрика → на фабриках школа → в школах улица → на улицах квартира → в квартирах гостиница → в гостиницах	1) -о로 끝나면, -о를 떼고 -ах를 붙입니다. озеро → на озёрах посольство → в посольствах государство → в государствах
2) -й, -ь로 끝나면, 각각 -й와 -ь을 떼고 -ях를 붙입니다. музей → в музеях	2) -я, -ь로 끝나면, 각각 -я와 -ь을 떼고 -ях를 붙입니다. деревня → в деревнях аудитория → в аудиториях станция → на станциях экскурсия → на экскурсиях площадь → на площадях	2) -е로 끝나면, -е를 떼고 -ях를 붙입니다. общежитие → в общежитиях здание → в зданиях 3) -мя로 끝나면, -мя를 -менах로 바꿉니다. имя → в именах время → во временах

2 전치격의 용법

❶ 전치사 в, на와 함께 장소 표현

в는 '~안에', на는 '~표면 위에'라는 뜻을 갖고 있지만, '책상'이나 특정 가구를 넘어서서 건물, 도시, 나라 등 더 큰 공간에 대한 이야기를 할 때는 이 전치사들의 의미상 차이는 사라지고, 두 가지 모두 '~에, ~에서'를 뜻합니다. 의미상 차이는 사라지만, 명사마다 선호하는 전치사가 있어서 '장소의 전치격'을 외울 때, '전치사+명사'를 같이 외워 두는 것이 좋습니다.

- 아래는 장소(где?)의 전치격을 요구하는 동사들입니다.

быть(НСВ) ~에 있다
жить(НСВ) ~에 살다
работать(НСВ) ~에서 일하다
учиться(НСВ) ~에 다니다(학교)
гулять(НСВ) ~에서 산책하다
писать(НСВ) / написать(СВ) ~에서 쓰다
смотреть(НСВ) / посмотреть(СВ) ~에서 (...을) 보다(watch)
видеть(НСВ) / увидеть(СВ) ~에서 보다(see)
знакомиться(НСВ) / познакомиться(СВ) ~에서 (..와) 처음 만나다
встречаться(НСВ) / встретиться(СВ) ~에서 만나다
заниматься(НСВ) / позаниматься(СВ) ~에서 공부하다
отдыхать(НСВ) / отдохнуть(СВ) ~에서 쉬다
проводить(НСВ) / провести(СВ) (время) ~에서 (시간을) 보내다
завтракать(НСВ) / позавтракать(СВ) ~에서 아침식사를 하다
обедать(НСВ) / пообедать(СВ) ~에서 점심식사를 하다
ужинать(НСВ) / поужинать(СВ) ~에서 저녁식사를 하다
танцевать(НСВ) / потанцевать(СВ) ~에서 춤추다
встречать(НСВ) / встретить(СВ) ~에서 만나다
сидеть(НСВ) / посидеть(СВ) ~에 (앉아)있다 / 좀 앉아 있다
лежать(НСВ) / полежать(СВ) ~에 누워있다 / 좀 누워 있다
стоять(НСВ) / постоять(СВ) ~에 서있다 / 좀 서 있다
парковать(НСВ) / припарковать(СВ) ~에 주차하다

[예문]

(1) Где вы сейчас живёте? **В Сеуле**? С родителями или отдельно?

(2) Виктор работает **в банке**. Он экономист.

(3) Каждое лето мы отдыхаем **в Пусане**.

(4) Мы с Ирой часто встречаемся **в маленьком кафе** возле университета.

(5) Виктор предпочитает заниматься **в библиотеке**.

(6) Сейчас мои друзья играют в футбол **на стадионе**.

(7) Мы с мамой обычно делаем покупки **в универмаге «Лоттэ»**.

(8) Алексей припарковал машину **на стоянке** перед универмагом и пошёл обедать.

(9) **На стене в гостиной** висит фотография моей дочки.

(10) Если вы встретите незнакомые слова, посмотрите их значение **в словаре**.

(11) После института Иван хочет работать **в администрации** города.

(12) Ирина сидела **в кресле** и смотрела в окно. За окном шёл снег.

(13) Анна едет **в автобусе** и смотрит в окно.

(14) В воскресенье **в Большом театре** мы встретили своих старых друзей.

(15) Кремль находится **в центре** Москвы.

(16) Словари и учебники можно купить **в книжном магазине** «Библио-Глобус».

(17) Где мы будем обедать, **в китайском ресторане** или **в корейском**?

(18) Я познакомилась с будущим мужем, когда я училась **на втором курсе**. Это была любовь с первого взгляда.

(19) У Антона **в комнате** есть маленький холодильник. **В его холодильнике** всегда можно найти пару бутылок холодного пива.

(20) Сергей часто бывает **на концертах, в театрах, в музеях, на выставках**.

❷ 전치사 о와 함께 사고나 대화의 대상 표현

■ 아래 동사들은 '대상'의 전치격(о чём? о ком?)을 요구하는 동사들입니다.

говорить(НСВ) / сказать(СВ) / поговорить(СВ) ~에 대해 말하다 / 조금 이야기하다

рассказывать(НСВ) / рассказать(СВ) ~에 대해 이야기하다

разговаривать(НСВ) ~에 대해 대화하다

думать(НСВ) / подумать(СВ) ~에 대해 생각하다

спрашивать(НСВ) / спросить(СВ) ~에 대해 질문하다

мечтать(НСВ) / помечтать(СВ) ~을 꿈꾸다

читать(НСВ) / прочитать(СВ) ~에 대해 읽다

писать(НСВ) / написать(СВ) ~에 대해 (글을) 쓰다

помнить(НСВ) ~에 대해 기억하다

вспоминать(НСВ) / вспомнить(СВ) ~에 대해 회상하다, 떠올리다

напоминать(НСВ) / напомнить(СВ) ~에 대해 상기시키다

предупреждать(НСВ) / предупредить(СВ) ~에 대해 미리 말하다

забывать(НСВ) / забыть(СВ) ~을 잊다

спорить(НСВ) / поспорить(СВ) ~에 대해서 논쟁하다

беспокоиться(НСВ) ~을 걱정하다

заботиться(НСВ) / позаботиться(СВ) ~을 돌보다

[예문]

(21) Лена, давай поговорим **об этом** позже. Я сейчас не могу. Извини!

(22) Наша бабушка любит рассказывать нам **о своей молодости**.

(23) А вы мечтаете **о принце** на белом коне?

(24) В командировках Виктор всё время думает **о своей семье**.

(25) Владимир начитанный, поэтому он любит говорить **о литературе**.

(26) Иван не любит говорить **о своих личных проблемах**.

❸ 전치사 в, на, при와 함께 시간 표현

■ '~월에' 표현

(27) Учебный год кончается **в июне**.

(28) В Корее зимние каникулы начинаются **в январе** и кончаются **в феврале**.

(29) **В июне** Светлана Петровна ездила в Россию на стажировку для преподавателей.

(30) **В следующем месяце** мы с мужем поедем отдыхать на Восточное море.

- 연도 표현

    (31) - **В каком году** родилась ваша дочь?
        - Она родилась **в 2009 (две тысячи девятом) году**.

    (32) Мы с мужем познакомились **в позапрошлом году**.

    (33) Моя сестра поступит в университет **в следующем году**.

- 전치사 при도 전치격을 필요로 하며, '특정 왕이 치리하던 때'나 '어떤 행위를 하는 동안', '~할 때' 혹은 가정 '~하다면' 등을 뜻합니다.

    (34) **При входе** в здание Максим не увидел ни одного полицейского.

    (35) **При желании**, классическую музыку можно послушать и по радио.

    (36) **При пользовании** новой стиральной машиной внимательно читайте инструкцию.

❹ '~(악기)를 연주하다'

(37) Антон занимается музыкой. Он играет **на скрипке**.

(38) - **На чём** вы играете?
    - Я играю **на гитаре**.

(39) Гусля был замечательным музыкантом. У него было множество музыкальных инструментов и он часто играл **на них**. -Н.Носов «Приключения Незнайки и его друзей»

❺ 교통수단 표현

(40) - Катя, **на чём** ты поедешь в Сеул? **На автобусе**?
    - Нет, **на поезде**.

(41) Теперь вы можете заказать полёт **на воздушном шаре** над Москвой по самым низким ценам.

(42) - Сергей! Давай поедем в театр **на такси**!
    - Нет, дорогая, **на метро** удобнее.
    - Но я в новых дорогих туфлях!!!!
    - Вот поэтому мы и едем **на метро**.

❻ '~을 입고 있다'

(43) Лена! Ты сегодня **в новом платье**! Тебе очень идёт!

(44) Света! Ты видела Сергея? Сегодня пришёл **в новом тёмно-синем костюме** и **в светло-голубой рубашке**. Такой красавец!

❼ 관용구

(45) Лето-то уж давно прошло; вот и осень проходит, вот и зима **на носу**. - *И. Тургенев «Затишье»*

(46) Мы с Сашей часто **расходимся во мнениях**.

(47) Я **на седьмом небе** от счастья.

(48) Муж большой человек, старше её на двадцать лет, разумеется, её обожает, прямо **на руках носит.** - *И.Грекова «Хозяйка гостиницы»*

(49) На новой работе я чувствую себя **не в своей тарелке**.

〔실전대비 문제〕

01. Наша школа рядом ____.
    (А) с американским посольством
    (Б) от американского посольства
    (В) к американскому посольству
    (Г) американского посольства

02. Анна Сергеевна показала свою статью ____.
    (А) старого профессора
    (Б) старому профессору
    (В) со старым профессором
    (Г) старый профессор

03. Иван поехал в театр ____.
    (А) на новой машине
    (Б) с новой машиной
    (В) в новую машину
    (Г) к новой машине

04. Игорь обещал ____ приехать в гости.
    (А) старшей сестре
    (Б) старшую сестру
    (В) со старшей сестрой
    (Г) о старшей сестре

05. Этот рассказ я прочитала ____.
    (А) вчерашняя газета
    (Б) вчерашней газеты
    (В) вчерашнюю газету
    (Г) во вчерашней газете

06. Мы живём ____.
    (А) пятому этажу
    (Б) на пятом этаже
    (В) на пятый этаж
    (Г) с пятого этажа

07. Человек всегда помнит ____.
    (А) о своём детстве
    (Б) своего детства
    (В) со своим детством
    (Г) своему детству

08. Сегодня у Виктора ____.
    (А) хорошее настроение
    (Б) хорошего настроения
    (В) хорошему настроению
    (Г) с хорошим настроением

09. На вечере Галина долго стояла перед ____.
    (А) большое зеркало
    (Б) большого зеркала
    (В) большим зеркалом
    (Г) большому зеркалу

10. Сергей хочет поменять работу ____.
    (А) следующий год
    (Б) следующего года
    (В) в следующем году
    (Г) со следующим годом

11. Самолёт прилетел точно ____.

(А) по расписанию

(Б) в расписании

(В) расписанием

(Г) расписания

12. Дайте, пожалуйста, бутылку ____.

(А) томатный сок

(Б) томатного сока

(В) томатному соку

(Г) томатным соком

13. Интересно, сколько ____ в сеульском метро?

(А) станция

(Б) станции

(В) станций

14. Михаилу 21 ____.

(А) год

(Б) года

(В) лет

15. Обычно Иван получает много ____.

(А) письмо

(Б) письма

(В) писем

16. Антон путешествовал уже 5 ____.

(А) неделя

(Б) недели

(В) недель

17. Мы в магазин. Кто идёт ____?

(А) нас

(Б) нам

(В) с нами

18. Мы прошли мимо ____.

(А) школы

(Б) школе

(В) школой

19. Татьяна вышла замуж ____.

(А) за Андрея

(Б) с Андреем

(В) к Андрею

20. Недалеко открылся ____.

(А) книжный магазин

(Б) книжному магазину

(В) книжного магазина

(Г) книжным магазином

제2부
동사

I. 동사의 상
II. 운동동사
III. 형동사
IV. 부동사

I 동사의 상

1 상의 정의

대부분의 러시아어 동사들은 한 가지 행위를 나타내는 동사가 두 개씩 존재합니다. 즉, 뜻이 같은 동사가 두 개씩 있는 것입니다. 이 두 가지 동사는 각각 용법이 다릅니다. 이들을 러시아어에서는 완료상, 불완료상이라고 부르며, 행위의 과정에 대해 이야기를 할 때는 불완료상을 쓰고, 결과를 강조한다면 완료상으로 표현합니다. 예를 들어, строить-построить, читать-прочитать와 같은 동사들이 있고, 이를 상의 쌍이라 합니다. 이 중 строить, читать가 불완료상이고 построить, прочитать가 완료상입니다. 이들 상으로 표현할 수 있는 시제는 현재, 과거, 미래 세 가지입니다.

> 예) Дом уже построили.
> 건물은 벌써 완공되었다. – 완료상
>
> Ты читала сегодняшнюю газету?
> 너 오늘 신문 읽어 봤니? – 불완료상
>
> Этот дом строили два года.
> 이 집을 짓는데 2년이 걸렸다. – 불완료상

2 상의 관점에서 본 동사의 유형

❶ 완료상 불완료상으로 쌍을 이루는 동사들(대부분의 동사가 이 유형에 속함.)

■ 불완료상 앞에 접두사를 붙여서 완료상을 만드는 경우

видеть-**у**видеть 보다
делать-**с**делать 하다, 만들다
писать-**на**писать (편지 등을) 쓰다
учить-**вы**учить 외우다, 공부하다
читать-**про**читать 읽다

- 접미사로 구분하는 경우

접미사	불완료상 동사	접미사	완료상 동사
-А-	встреч**а**ть 만나다 реш**а**ть (문제를) 풀다, 결심하다 изуч**а**ть 공부하다	-И-	встре**ти**ть 만나다 реш**и**ть (문제를) 풀다, 결심하다 изуч**и**ть 공부하다
-Я-	объясн**я**ть 설명하다 повтор**я**ть 반복하다	-И-	объясн**и**ть 설명하다 повтор**и**ть 반복하다
-ЫВА- -ИВА-	запис**ыва**ть 메모하다 обдум**ыва**ть (잘) 생각하다 расска**зыва**ть 이야기하다 достра**ива**ть 마저 짓다 заканч**ива**ть 끝내다	-А- -И-	запис**а**ть 메모하다 обдум**а**ть (곰곰히) 생각하다 расска**за**ть 이야기하다 достро**и**ть 공사를 마무리하다 законч**и**ть 끝내다
-ВА-	вста**ва**ть 일어나다 да**ва**ть 주다 узна**ва**ть 알아보다 уста**ва**ть 피곤하다, 지치다	-	встать 일어나다 дать 주다 узнать 알아보다 устать 피곤하다, 지치다
-А-	крич**а**ть 소리지르다 отдых**а**ть 쉬다	-НУ-	крик**ну**ть 소리지르다 отдох**ну**ть 쉬다

- 완료상 불완료상의 형태가 전혀 다른 경우

　　брать-взять 쥐다, (책을) 빌리다, (음식을) 시키다

　　говорить-сказать 말하다

　　искать-найти 찾아보다(불완) / 찾아내다(완)

　　класть-положить (~을) 놓다, 넣다, 갖다 놓다

　　ловить-поймать (물고기 등을) 잡다

　　ложиться-лечь 눕다

　　садиться-сесть 앉다(동작)

　　становиться-стать 되어 가다(불완) / 되다(완)

❷ 불완료상만 있는 동사들

граничить (+с чем?) ~와 경계를 이루다

жить (+где? у кого?) 살다.

зависеть (+от кого? от чего?) ~에 달려 있다. ~에 좌지우지된다

значить 의미하다

иметь 가지다, 소유하다

любить (+кого? что?) 사랑하다, 좋아하다

находиться (+где?) 위치하다

обладать (+чем?) (문어체) 소유하다, (음감이) ~하다

обожать (+кого?) (속어) ~라면 환장을 하다

ожидать (+кого? что?) 기대하다, 예상하다

опасаться (+кого? чего?) ~를 무서워하다

отсутствовать (+где?) 부재하다

присутствовать (+где?) 참석하다, 출석하다

принадлежать (+кому?) ~에 속하다

сидеть (+где?) ~에 앉아 있다

следовать (+за кем?) (~를) 주시하다

содержать (+кого? что?) (~를) 먹여 살리다

существовать 존재하다

состоять (+из чего?) ~로 구성돼 있다

торговать (+чем?) 매매하다

угрожать (+кому? +чем?) 협박하다

 접두사 없는 운동동사도 여기에 속합니다.

идти-ходить, ехать-ездить, бежать-бегать, лететь-летать, плыть-плавать, нести-носить, везти-возить, вести-водить 등등

❸ 완료상만 있는 동사들

заблудиться (+где?) 길을 잃다

очути́ться (+где?) (~상황에) 처하다
понадо́биться (+кому́?) 필요하다
состоя́ться (행사 등이) 열리다
распла́каться 목 놓아 울기 시작하다
встрево́жить (+кого́?) 걱정을 끼치다

❹ 하나의 동사가 완료상 불완료상의 역할을 모두 하는 경우

арестова́ть (+кого́?) 체포하다
веле́ть (+кому́? чему́?) 명령하다
жени́ть (+кого́? +на ком?) ~를 …한테 장가보내다
жени́ться (+на ком?) ~에게 장가들다
испо́льзовать (+кого́? что?) 이용하다
иссле́довать (+кого́? что?) 연구하다
казни́ть (+кого́?) 사형시키다
обеща́ть (+что? +кому́?) 약속하다
реализова́ть (+что?) 실현시키다

 이 유형에 속하는 동사가 어떤 상으로 쓰였는지는 문맥에 따라 결정됩니다.
예) Мы на́чали **испо́льзовать** э́ти материа́лы на заня́тиях по ру́сскому языку́. (불완료상)
우리는 이 자료들을 러시아어 수업 시간에 사용하기 시작했다.
Я обяза́тельно **испо́льзую** э́ти материа́лы на заня́тиях по ру́сскому языку́. (완료상)
나는 꼭 이 자료들을 러시아어 수업 시간에 사용하겠다.

■ 상의 관점에서 러시아어 동사는 아래와 같이 나눌 수 있습니다.

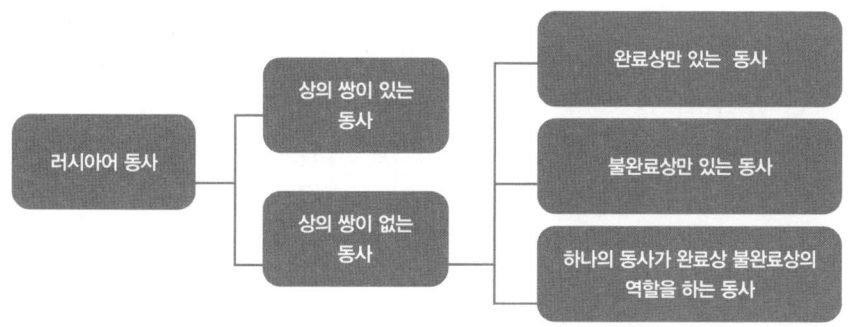

❸ 시제와 상

❶ 현재시제 : 불완료상으로만 표현하며, 동사의 현재시제에는 1식, 2식 변화가 존재합니다.

---

1. 현재 진행 (~하고 있다)

– Что ты сейчас **делаешь**?
– **Читаю**.

– 너 지금 뭘 하고 있니?
– 책 봐.

[예문]

1) - Вы из Ленинграда? **Путешествуете**?
   - **Путешествую**, - сказал я.
   - А вы здешние?
   - Коренные...

   - А.Стругацкий «Понедельник начинается в субботу»

2) - Что это ты **делаешь**? - спросил Маленький принц.
   - **Пью**, - мрачно ответил пьяница.

   - А.Сент-Экзюпери «Маленький принц»

---

2. 현재의 상태 (주거, 마음 등의 상태)

– Где вы сейчас **живёте**?
– Сейчас я **живу** в Ильсане.

– 당신은 지금 어디에서 살고 계시나요?
– 지금 저는 일산에 살고 있습니다.

[예문]

3) Вот теперь я себя **чувствую** по-настоящему хорошо!

4) Я уже не **чувствую** себя таким резвым, как раньше. Наверное, я **старею**.

5) Мой самый лучший друг **живёт** в Африке, а там сейчас голодно и холодно. И он очень **нуждается** в утешении.

> **3. 일상적인 행위 (~하곤 한다)**
>
> Я часто **гуляю** по вечерним улицам Сеула.
>
> 나는 자주 서울의 밤거리를 거닌다.

[예문]

6) Когда астроном **открывает** маленькую планету, он **даёт** ей не имя, а просто номер.

7) Томас — талантливый издатель. Он **открывает** новые имена, **влюбляется, остывает,** снова **ищет** — из этого состоит его жизнь. *-В.Токарева «Римские каникулы»*

8) Обычно мы с мужем **приглашаем** гостей к нам, но иногда **ходим** к ним.

9) Но я не такой, как все дети! Я гораздо лучше и всегда **говорю** правду.

> **TIP 비교 하세요!** | 오래전부터 지금까지 이어져 온 습관, 행위 등
>
> 10) Миллионы лет у цветов **растут** шипы.
>   И миллионы лет барашки всё-таки **едят** цветы.
>
> 11) После этого он уже не может шевельнуться и **спит** полгода подряд, пока не переварит пищу.
>
> 12) Мой отец давно **работает** на заводе.

> **4. 능력 (~할 줄 알다)**
>
> Ребёнок уже **ходит**.
>
> 아이가 벌써 걸을 줄 안다.

[예문]

13) - Наташа прекрасно **водит** машину!
    - Вы ошибаетесь. Я боюсь с ней ездить. Она часто нарушает правила.

14) - Таня прекрасно **играет** на фортепиано.
    - Ещё бы! Она ученица одного из известнейших пианистов.

15) - Что это за штука?
    - Это не штука. Это самолёт. Мой самолёт. Он **летает.**

> 5. 가까운 미래 (곧 ~한다)
>
> – Что ты **делаешь** сегодня вечером?
> – **Иду** с друзьями в театр.
>
> – 너 오늘 저녁에 뭐 하는데?
> – 친구들이랑 극장 가.

[예문]

(16) - Извините, с какой платформы **уходит** поезд в Петербург?
- С третьей. Бегите быстрее, а то опоздаете! Поезд **отправляется** через 5 минут.

(17) - Выбирай, что ты хочешь заказать.
- Две большие порции мороженого и апельсиновый сок. Но это будет дорого.
- Я **угощаю.**

(18) - Вы **выходите** на следующей остановке?
- Нет, я **выхожу** через остановку.
- Тогда разрешите пройти.

> 6. 과거에 있었던 일을 눈 앞에 보고 있는 것 같이 생동감 있게 표현 (역사적 현재)
>
> На другой день пошёл он к мужику за долгом, а мужик **говорит** ему : - Приходи завтра.
>
> 다음 날 그는 빚 받으러 사내의 집에 갔는데, 사내 그에게 하는 말:
> – 내일 와라. – 러시아 전래 동화 «어떻게 해서 한 사내가 악마에게 돈을 빌렸는지»

[예문]

(19) **Появляется** Римма. Она медленно, задумчиво **идёт**, как будто сочиняет стихи.

(20) Я **глотаю** таблетку, **ложусь** на кровать, **смотрю** в потолок и **жду**, когда пройдёт головная боль.

(21) **Появляется** Манфреди Беттони.... Ему сорок лет. Я **дарю** ему свою книгу на французском языке и **говорю**, что на итальянском книга выйдет осенью.

❷ 과거시제 : 완료상과 불완료상으로 표현합니다.

[불완료상]	[완료상]
1. 특정 과거의 행위 여부 (~한 적이 있었다) – Маша, вчера ты плохо написала диктант. Ты **повторяла** слова? – 미샤야, 너 어제 받아쓰기 못했더라. 단어 복습을 하는 한거야?	1. 완료된 행위 (다~했다) 자주 уже(벌써), наконец(마침내), в конце концов(결국) 등과 같은 단어와 같이 쓰입니다. – Ты **сделала** домашнее задание? – Да, **сделала**. – Давай пойдём в кино. У меня есть билеты. – С удовольствием. – 너 숙제 다 했니? – 응, 다 했어. – 영화 보러 가자. 나한테 표 있거든. – 당연히 가야지.

[불완료상 예문]

(22) - Саша, ты **читала** сегодняшнюю газету?
 - Нет, ещё не **читала**.

(23) Я ведь вам уже **говорил**, что его зовут Карлсон и что он живёт там, наверху, на крыше, - сказал Малыш.

(24) Не помню, я тебе об этом **говорила** раньше?

(25) - Боюсь, Юра опоздает. Он **предупреждал**, что может задержаться.
 - Надеюсь, он всё-таки не опоздает.

(26) Его красавица **говорила** ему, что подобных ей нет во всей Вселенной.

[완료상 예문]

(27) Сначала Джеппетто **сделал** ему волосы, потом лоб и наконец глаза.

(28) - Ты **выполнила** мою просьбу?
 - А как же!

(29) Бабушка, ты уже **испекла** пироги?

(30) Наконец Карлсон **приземлился** на своей крыше.

[불완료상]	[완료상]
2. 반복적 행위 (하곤 했었다)	2. 1회성 (연도나 날짜, 과거의 특정한 시점을 나타내는 표현이 같이 쓰입니다.)
Каждый раз, когда Сергей **приезжал** в Москву, он **останавливался** в гостинице «Космос».	Обычно я покупаю сок на ужин, но сегодня **купил** свежие фрукты.
세르게이는 모스끄바에 올 때마다 «코스모스» 호텔에 묵었다.	보통 나는 저녁 식사 때 마실 주스를 사는데, 오늘은 신선한 과일을 샀다.

[불완료상 예문]

(31) Я множество раз **проверял** ошибки в своей работе.

(32) Значит, в тот день, когда ты **видел** сорок три заката, тебе было очень грустно?

(33) Я **гасил** фонарь по утрам, а вечером опять **зажигал**.

(34) Если Антон **брал** чужую вещь, он всегда **спрашивал** разрешения.

[완료상 예문]

(35) Однажды в моём доме **раздался** долгий телефонный звонок.

(36) С довольным видом он **кивнул** головой.

(37) Итак, в первый вечер я **уснул** на песке в пустыне, где на тысячи миль вокруг не было никакого жилья.

(38) Это очень хорошо, что ты **попал** ко мне, - сказал Малыш.

(39) Однажды Малыш **вернулся** из школы злой, с шишкой на лбу.

[불완료상]	[완료상]
3. 행위를 했다가 그 행위를 하기 전의 상태로 다시 되돌려놓는 경우 (열었었다, 왔었다 등) 주로 물리적인 행위를 나타내는 동사나 운동동사들*이 여기에 해당됩니다.	3. 발화 시점에도 행위의 결과가 유효한 경우

- Ира все еще спит? - Нет. Она **ложилась** только на полчаса, а сейчас уже готовит ужин. – 이라 아직도 자? – 아니요. 30분간 누워 있었는데, 어느새 일어나서 저녁 준비해요.	На выходных ко мне **приехала** мама. 주말에 엄마가 우리 집에 오셨다. (엄마는 지금까지 우리 집에 계신다)

* брать/взять 가져가다, 빌리다, спускаться/спуститься 내려가다, подниматься/подняться 올라가다, давать/дать 주다, включать/включить (전원을) 켜다, выключать/выключить (전원을) 끄다, садиться/сесть 앉다, надевать/надеть 입다, ложиться/лечь 눕다, вставать/встать 일어나다, закрывать/закрыть 닫다, открывать/открыть 열다, приходить/прийти 도착하다, уходить/уйти 떠나다, приезжать/приехать (교통수단을 이용해서) 도착하다, уезжать/уехать (교통수단을 이용해서) 떠나다, ...

[불완료상 예문]

(40) Я **давала** ему журнал, но почему-то он вернул его мне буквально через десять минут.

(41) - Откройте, пожалуйста, окно. Здесь душно!
 - Мы уже **открывали**, но стало ещё хуже.
 - Тогда нужно срочно купить кондиционер.

(42) Кто без меня **включал** мой компьютер?

(43) - Дорогой! Что мне надеть на презентацию?
 - Что хочешь, любимая. Может чёрное платье?
 - Что ты! Я **надевала** его в прошлый раз!

(44) Надя! **Прибегала** соседка, сказала, что твой сын разбил окно в соседнем доме.

[완료상 예문]

(45) Сергей **ушёл** на вечеринку к Алексею и ещё не вернулся.

(46) - Дорогая! Я давал тебе ключи от машины. Где они?
 - Я **положила** их на место.

(47) Кто **закрыл** окно? Здесь дышать нечем! Кто-нибудь откройте окно!

(48) - Мама! Кто **взял** мои очки?
 - Я не брала.

[불완료상]	[완료상]
4. 행위의 지속, 과정	4. 행위를 끝낸 시간
- Как долго ты **читала** роман «Война и мир»? - Я его **читала** два месяца. – «전쟁과 평화»라는 소설 읽는 데에 얼마나 걸렸니? – 나는 그 책 두 달 동안 읽었어.	- За сколько времени вы **отремонтируете** мою машину? - За два часа. – 제 차 수리를 다 하시는 데 얼마나 걸릴까요? – 2시간이면 됩니다.

[불완료상 예문]

(49) - Анна, чем ты занималась вчера? Твой телефон **молчал** весь вечер.
   - Мы с подругой ходили на концерт.

(50) У моего отца большая библиотека. Он **собирал** её много лет.

(51) Девушки **плясали** на деревенском празднике до восхода солнца.

(52) - Игорь хорошо знает русскую историю?
   - Да, он **изучал** её несколько лет.

[완료상 예문]

(53) Мы **выучили** новые глаголы за 2 часа.

(54) Новое здание университета **построили** за год.

(55) Ева **написала** статью в газету «Сеульский вестник» за утро.

(56) Константин **обсудил** с директором новый проект за 40 минут.

(57) Максим **выздоровел** за две недели.

[불완료상]	[완료상]
5. 행위의 동시성	5. 행위의 순차성
Я **читала** книгу, когда **возвращалась** домой на метро. 나는 집에 가는 길에 지하철 안에서 책을 읽었다.	После того, как я **выучила** новые слова, **я стала** смотреть фильм. 나는 새 단어를 다 외우고 나서 영화를 보기 시작했다.

[불완료상 예문]

(58) Боссе и Бетан только **смеялись** над его рассказами, и Малыш **замолкал.**

(59) Я подошёл к Вике и увидел, что она плачет. ... Она **плакала** и **вытирала** слёзы рукой. - *В.Токарева «Рубль шестьдесят - не деньги»*

(60) Её глаза **улыбались** и **блестели**, губы **дрожали** и **смеялись**. *(А.Чехов)*

(61) Дальше от всех на берегу **сидела** девушка. Она **читала** книгу, вернее, **делала** вид, что читает.

[완료상 예문]

(62) В следующую секунду **хлопнула** дверь, и до Малыша **долетели** слова.

(63) Вдруг Малыш что-то **вспомнил** и радостно **улыбнулся** маме.

(64) Маленький принц **увидел**, что все розы похожи на его цветок. И **почувствовал** себя очень-очень несчастным.

(65) Глаза Карлсона **засияли**, и он **запрыгал** на месте от радости.

(66) Мама **поцеловала** ребёнку разбитую коленку и **спросила** : «Больше не болит?»

(67) Малыш **оторвал** глаза от чашки с шоколадом и гневно **посмотрел** на маму.

(68) Затем Малыш **пошёл** к себе в комнату и **стал** ждать Карлсона.

(69) Андрей **встретился** с Олей и он **пригласил** её в кафе.

(70) Карлсон **поднял** голову и осторожно **заглянул** в комнату.

(71) Ваня **показал** свои рисунки маме и **спросил**, нравятся ли они ей.

(72) Елена **пришла** домой расстроенная, **разделась** и потом долго стояла под горячим душем.

(73) Сергей **сунул** перчатки в карман и **вышел** из дома на улицу.

(74) Владимир **подошёл** к нам и **поздоровался**.

(75) Карлсон **отошёл** в сторону, **присел** на низенькую скамеечку и **надулся.**

> [완료상]
>
> **6. 첫번째 행위의 결과가 그 이후에 하는 행위를 할 때도 지속이 되는 경우.**
>
> **Пошёл** дождь. Я **раскрыла** зонт и смотрела на улицу сквозь струи воды.
>
> 비가 오기 시작했다. 나는 우산을 활짝 펼쳐서 비 내리는 거리를 바라봤다.

[예문]

(76) Миша **принёс** книги из библиотеки, **положил** их на тумбочку и сразу позвонил Кате.

(77) Он **лёг** в траву и **заплакал**.

(78) Маленький принц **сел** на камень и **поднял** глаза к небу.

(79) Антон **пришёл** поздно, быстро **разделся** и лёг спать.

> [불완료상]
>
> **7. 과거 진행 (~하고 있었다)**
>
> В классе шёл урок французского языка. Преподаватель **читал** текст, а студенты внимательно **слушали.**
>
> 교실에서 프랑스어 수업을 하고 있었다. 선생님은 본문을 읽고 계셨고, 학생들은 주의 깊게 듣고 있었다.

[예문]

(80) Бедный старик вернулся в одной рубашке — а на улице **шёл** снег.

(81) - Я видела его вчера, он **стоял** возле своего дома.
    - Как он выглядел?
    - Он был в одной рубашке и **дрожал** от холода.

(82) Когда мы пришли домой, Галя ещё **пила** кофе.

(83) - Было уже три часа дня, а Антон всё ещё **обедал**.
    - Надо же. Вот это да!

(84) Вика спала. Форточка в её комнате **оставалась открытой.** Было прохладно, и пахло снегом.

❸ **미래시제** : 완료상, 불완료상 모두 해당됩니다.

[불완료상]	[완료상]
1. 행위 여부 (~할 건가?)	1. 완료될 행위
- Что ты **будешь делать** завтра вечером? - Может быть, я пойду на дискотеку. – 너 내일 저녁에 뭐 할 건데? – 디스코텍을 갈 것 같기도 하구.	- Сейчас я пишу письмо брату, а маме **напишу** завтра. – 지금은 내가 형한테 편지를 쓰고 있고, 엄마한텐 내일 쓸 거야.

[불완료상 예문]

(85) Вы **будете защищать** диплом в мае?

(86) - Ты **будешь учиться** водить машину?
   - Да, **буду.**

(87) Летом Татьяна **будет отдыхать** на море. Она будет **купаться, загорать, гулять** по берегу, **любоваться** природой.

[완료상 예문]

(88) - Ну как, ты решил задачу?
   - Сейчас **решу.** Подожди минуточку.

(89) - Таня, все уже написали домашнее сочинение.
   - А можно, я **напишу** его в субботу?

(90) - Сегодня вечером ты намерен опять валяться на диване?
   - Нет, я **куплю** кроссовки и пойду на стадион.

[불완료상]	[완료상]
2. 반복적 행위	2. 1회성
Очень хорошо, что ты дал мне ящик: барашек **будет** там **спать** по ночам. 네가 나한테 상자를 줘서 참 다행이야. 어린 양은 앞으로 거기서 밤마다 잘 테니까. —생떽쥐베리의 «어린 왕자»	- Завтра к нам в группу **придёт** новый слушатель. - Откуда ты знаешь? - Я познакомился с ним сегодня в буфете. – 내일 우리 반에 새 학생이 올 거래. – 어디서 들었어? – 오늘 매점에서 인사했거든.

[불완료상 예문]

(91) Не грусти, я **буду** часто **звонить** тебе!

(92) Вчера я купил журнал «Корея». Он мне очень понравился. Теперь я **буду покупать** его каждый месяц.

[완료상 예문]

(93) Я **прилечу** за тобой приблизительно часа в три, или в четыре, или в пять, но ни в коем случае не раньше шести.

(94) Всем сердцем он желал, чтобы Карлсон прилетел поскорее. Ведь на днях Малыш **уедет** за город, поэтому теперь они должны встречаться как можно чаще.

(95) Подожди меня минуточку, -поспешно сказал Малыш, - я сейчас **вернусь.**

[불완료상]
3. 과정, 지속 (얼마간 ~할 것이다)
- С этого дня я **буду жить** в гостинице. – 나 이제부터 호텔에서 살거야.

[예문]

(96) Этим летом я **буду отдыхать** в деревне.

(97) Таня, когда ты **будешь покупать** хлеб, купи, пожалуйста, и мне батон.

(98) - Юра, сегодня ты занимался совсем мало.
    - Зато завтра я **буду заниматься** весь день.

> [완료상]
>
> 4. 순차성
>
> Я **посажу** тебя на спину и мы **полетим** ко мне.
> - сказал Карлсон.
>
> "내가 너를 내 등에 태우고, 함께 우리 집으로 날아가는거야."라고 칼손이 말했다.
>
> — 린드그렌의 «꼬마 닐스와 칼손»

[예문]

(99) Ты **придёшь** узнать, как я себя чувствую, и я тебе **скажу**, что я самый тяжёлый больной в мире.

(100) Скоро **начнутся** каникулы и ты **уедешь** к бабушке.

(101) - Валя, куда ты идёшь?
 - На почту.
 - Подожди немного. Я **напишу** письмо и **пойду** с тобой.

4 동사원형과 상

❶ '시작, 계속, 종료'를 나타내는 동사들은 뒤에 반드시 불완료상 동사원형이 옵니다.

начинать(НСВ) / начать(СВ) 시작하다

стать(СВ) 시작하다

приниматься(НСВ) / приняться(СВ) 착수하다

продолжать(НСВ) / продолжить(СВ) 계속하다

переставать(НСВ) / перестать(СВ) 그만두다

прекращать(НСВ) / прекратить(СВ) 중단하다

кончать(НСВ) / кончить(СВ) 끝내다

бросать(НСВ) / бросить(СВ) (담배 등을) 끊다

[예문]

(102) Петя закрыл глаза и **стал дышать** глубоко и ровно, делая вид, что спит.
- В. Катаев «Белеет парус одинокий»

(103) При Петре Первом **начали создавать** флот.

(104) Малыш взял ещё кусок сахару и снова **принялся думать** о Карлсоне.

❷ 이 외에도 아래와 같은 '익숙하다', '배우다', '좋아하다', '지치다' 등과 같은 의미를 가진 동사들도 뒤에 불완료상 동사원형이 옵니다.

любить(НСВ) / полюбить(СВ) 좋아하다, 사랑하다

уставать(НСВ) / устать(СВ) 지치다

нравиться(НСВ) / понравиться(СВ) 마음에 들다

привыкать(НСВ) / привыкнуть(СВ) 적응하다

отвыкать(НСВ) / отвыкнуть(СВ) ~습관이 없어지다

учиться(НСВ) / научиться(СВ) ~를 배우다

надоедать(НСВ) / надоесть(СВ) ~질리다

приучать(НСВ) / приучить(СВ) ~하는 습관을 갖게 만들다

отучать(НСВ) / отучить(СВ) 나쁜 습관 등을 버리게 만들다, ~을 못하게 만들다

[예문]

(105) Марина **любит наблюдать,** как в аквариуме плавают рыбы. Это её успокаивает.

(106) Мои дети **любят смотреть** последние выпуски мультфильма «Ну, погоди!».

(107) Сегодня в школе я **научусь читать,** завтра – **писать**, а послезавтра – **считать**.

5 부정문과 상

[불완료상]	[완료상]
1. 행위를 시작하지 않았고, 행위 자체가 없었을 때 В пятницу Коля **не писал** тест, потому что болел. 금요일에 꼴랴는 아파서 시험을 못 봤다.	1. 행위를 시작은 했지만 결과를 얻지 못 했을 때 В пятницу студент **не написал** тест, потому что плохо выучил материал. 금요일에 대학생이 시험 범위 공부를 별로 못해서 시험 문제를 다 못 풀었다.

[불완료상 예문]

(108) В этом году мы **не покупали** ёлку на Рождество.

(109) Мы **не ходили** на этот спектакль.

(110) Я **не слушала**, о чём рассказывал Пётр, потому что в это время была занята.

[완료상 예문]

(111) - Я ещё **не наелся!**
      - Но у меня больше ничего нет.

(112) Антон еще **не прочитал** книгу, поэтому пока не вернул ее в библиотеку.

(113) Иван Иванович, вы еще **не закончили** новую книгу?

(114) Из-за шума я **не услышала,** о чём говорил Пётр.

> [불완료상]
>
> 2. 행위를 한 번도 한 적이 없을 때
>
> > никогда не (결코 안), ни разу не (한 번도 안...) 등과 함께 자주 쓰이며, 주로 불완료상 동사가 쓰입니다.
> >
> > Елена никогда **не говорила** о прошлом.
> > 엘레나는 한 번도 과거 이야기를 한 적이 없다.

[예문]

(115) Татьяна никогда **не говорила** о своей личной жизни.

(116) Он никогда никого **не любил**. И никогда ничего **не делал** для того, чтобы полюбить.

(117) О своей работе муж **ничего не рассказывал**, а жена **никогда не расспрашивала.**

> [불완료상]
>
> 3. '(일정한 기간동안, 한동안, 오랫동안) ~행위를 하지 않다'
>
> > 일정한 기간을 나타내는 долго (오랫동안), месяц (한 달 동안), годы (몇 해 동안) 등과 함께 쓰입니다.
> >
> > Целых два года Ольга **не приезжала** в свой родной город.
> > 꼬박 2년 동안 올가는 자기 고향에 가지 않았다.

[예문]

(118) Прошёл час, два, три… Светлана **не возвращалась**, и все волновались.

(119) Старушка была глухой, поэтому долго не **открывала** нам дверь.

〖실전대비 문제〗

01. Вчера наши студенты _____ в библиотеке все нужные учебники.
 (А) берём
 (Б) взяли
 (В) брали
 (Г) возьмём

02. Раньше в русском ресторане мы с друзьями часто _____ на первое щи.
 (А) брали
 (Б) взяли
 (В) берём
 (Г) возьмём

03. Маша потеряла игрушку и начала ____.
 (А) плакать
 (Б) заплакать
 (В) заплакала

04. Это общежитие _____ 4 года.
 (А) строили
 (Б) построили

05. Я долго ____, как зовут этого человека.
 (А) вспоминал
 (Б) вспомнил

06. Татьяна всегда плохо ____ химию.
 (А) понимала
 (Б) поняла

07. Ещё есть время, экзамены_____ только через две недели.
 (А) начнутся
 (Б) начали
 (В) начинались
 (Г) начнут

08. Антон и Марина вернулись с прогулки, так как _____ дождь.
 (А) начал
 (Б) начался

09. Минсу, завтра мы _____ тебя с известным журналистом.
 (А) познакомились
 (Б) познакомимся
 (В) познакомили
 (Г) познакомим

10. Девушки любят, когда им _____ цветы.
 (А) дарит
 (Б) дарить
 (В) дарят

11. Мы всегда _____ с отцом.
 (А) советуемся
 (Б) советуем
 (В) посоветовались
 (Г) советовались

12. **Нам удалось ____ билеты на самолёт.**
    (А) купить
    (Б) покупать
    (В) покупает

13. **Раньше мама всегда ____ хлеб в этом магазине.**
    (А) купила
    (Б) покупала
    (В) куплю

14. **Почему наш староста часто ____ на занятия?**
    (А) опаздывает
    (Б) опаздывать
    (В) опаздывали

15. **Господин Иванов закончил ____ по телефону пять минут назад.**
    (А) говорить
    (Б) сказать
    (В) говорит
    (Г) сказал

16. **Я понял текст и быстро ____ его на английский язык.**
    (А) переводил
    (Б) переводит
    (В) перевёл

17. **Дома Ирина продолжала ____ текст.**
    (А) переводила
    (Б) переводить
    (В) перевела
    (Г) перевести

18. **Мы ____ новый американский фильм и пошли домой.**
    (А) посмотрели
    (Б) смотрели
    (В) посмотреть

19. **В 3 часа туристы едут ____ выставку.**
    (А) смотреть
    (Б) смотрели
    (В) посмотрели

20. **Этот корейский бизнесмен несколько месяцев ____ русский язык, чтобы работать в России.**
    (А) изучал
    (Б) учился
    (В) изучался

II 운동동사

러시아어에는 '가다', '오다', '도착하다', '잠깐 들르다', '들어가다' 등과 같은 동작을 나타내는 동사들이 있는데, 이것을 운동동사 또는 동작동사라고 합니다. 이 동사들은 시험에도 빈번하게 출제되며, 실생활에서도 굉장히 유용하게 쓰입니다.

1 접두사가 없는 경우

❶ 정태 동사와 부정태 동사

- 정태 동사 : 한 방향으로의 운동을 뜻하는 동사이며, 자동사와 타동사로 구성돼 있습니다.
  - * идти 걸어가다, ехать 타고 가다, бежать 뛰어가다, плыть 헤엄치다, лететь 날아가다, ...→ 자동사
  - * нести 갖고가다, вести 데려가다, везти 실어가다, тащить 끌고가다, ... → 타동사

정태 자동사

идти 걸어가다	ехать 타고 가다	бежать 뛰어가다	плыть 헤엄치다	лететь 날아가다
я иду ты идёшь он идёт мы идём вы идёте они идут	я еду ты едешь он едет мы едем вы едете они едут	я бегу ты бежишь он бежит мы бежим вы бежите они бегут	я плыву ты плывёшь он плывёт мы плывём вы плывёте они плывут	я лечу ты летишь он летит мы летим вы летите они летят

정태 타동사

нести 갖고 가다	вести 데리고 가다	везти 싣고 가다	тащить 끌고 가다
я несу ты несёшь он несёт мы несём вы несёте они несут	я веду ты ведёшь он ведёт мы ведём вы ведёте они ведут	я везу ты везёшь он везёт мы везём вы везёте они везут	я тащу ты тащишь он тащит мы тащим вы тащите они тащут

- **부정태 동사**: 여러 방향으로의 운동을 뜻하는 동사이며, 자동사와 타동사로 구성돼 있습니다.
    * ходить 걸어서, ездить 타고, бегать 뛰어서, плавать 헤엄쳐, летать 날아서, ...다니다 → 자동사
    * носить 지니고, водить 데리고, возить 싣고, таскать 끌고, ...다니다 → 타동사

부정태 자동사

ходить 걸어가다	ездить 타고 가다	бегать 뛰어가다	плавать 헤엄치다	летать 날아가다
я хожу	я езжу	я бегаю	я плаваю	я летаю
ты ходишь	ты ездишь	ты бегаешь	ты плаваешь	ты летаешь
он ходит	он ездит	он бегает	он плавает	он летает
мы ходим	мы ездим	мы бегаем	мы плаваем	мы летаем
вы ходите	вы ездите	вы бегаете	вы плаваете	вы летаете
они ходят	они ездят	они бегают	они плавают	они летают

부정태 타동사

носить 지니고 다니다	водить 데리고 다니다	возить 싣고 다니다	таскать 끌고 다니다
я ношу	я вожу	я вожу	я таскаю
ты носишь	ты водишь	ты возишь	ты таскаешь
он носит	он водит	он возит	он таскает
мы носим	мы водим	мы возим	мы таскаем
вы носите	вы водите	вы возите	вы таскаете
они носят	они водят	они возят	они таскают

❷ 접두사 없는 운동동사의 용법

정태 동사의 용법

1. 한 방향으로의 동작

   По улице **идёт** молодой человек, он несёт чемодан.

   한 젊은이가 길을 가면서 여행가방을 들고가고 있다.

2. 한 방향 동작이면서 반복되는 경우

   Андрей каждый день на работу **идёт** пешком, а обратно едет на метро.

   안드레이는 매일 직장 갈 때는 걸어가고, 올 때는 지하철로 온다.

3. 기차나 차의 속력을 표현할 때

   Автобус **едет** со скоростью 80 км/ч.

   버스는 시속 80km로 달린다.

4. 아주 가까운 미래를 표현할 때

   - Куда ты **идёшь** сегодня вечером?
   - Не знаю.

   – 너 오늘 저녁에 어디 가니?
   – 글쎄.

5. 시간이나 세월의 변화를 표현할 때

   Как **бежит** время!

   시간 참 빨리간다!

   Как **летит** время!

   세월 참 빨라!

6. 자연 현상에 관해 '비나 눈이 내리다'를 표현할 때

   Посмотри! Снег **идёт**.

   봐봐! 눈이 오네.

7. 구어체에서 동의를 나타내는 뜻으로 идти동사가 쓰이기도 합니다.

   - **Идёт!** - согласился Малыш.

   – 좋아! -이라고 꼬마 닐스가 동의했다. – 린드그렌의 «꼬마 닐스와 칼손»

[예문]

- 운동동사 **идти** 가다, **ехать** 타고 가다, **бежать** 뛰어가다, **лететь** 날아가다, **нести** 가져가다, **везти** 실어 가다, ...

    (1) Маша **идёт** к отцу в кабинет, в правой руке у нее чашка с кофе.

    (2) Симпатичная стюардесса **несет** на подносе конфеты и напитки.

    (3) Сейчас я **еду** за город на машине. За рулём сидит мой друг.

    (4) Обычно я встаю в 8 часов утра, завтракаю и **иду** на работу.

    (5) Когда наступает лето, мы **едем** отдыхать на море.

    (6) Каждый год мы с нетерпением ждём каникул и уже в начале июля **едем** к бабушке в деревню.

    (7) Завтра преподаватель **ведёт** свою группу в Русский музей.

    (8) В субботу мы **летим** в Венецию. Ура!

    (9) С друзьями он часто **ведет** себя невежливо.

부정태 동사들의 용법

1. 여러 방향으로의 동작

Над морем **летают** чайки, а по берегу **бегают** дети.

바다 위로 갈매기들이 날아다니고, 바닷가에는 아이들이 뛰어다니고 있다.

2. 왕복하는 동작이 반복되는 경우

Ирина **ходит** каждое утро на работу и **водит** дочку в детский сад.

이리나는 매일 아침 직장에 가면서 딸을 유치원에 바래다 준다.

3. 왕복 1회적 동작(과거 시제만)

В пятницу мы с сестрой **ходили** в кино.

금요일에 여동생과 나는 영화관에 갔었다.

4. 능력에 관하여 표현할 때

Максим хорошо **плавает.**

막심은 수영을 잘 한다.

Твой ребёнок уже **ходит!**

네 아이가 벌써 걷는구나!

> 5. 지니고 다니다
>
> Если я не **ношу** обручального кольца, это ещё ни о чём не говорит.
>
> 제가 결혼반지를 안 끼고 있다는 걸로 결혼 여부를 알 수는 없지요.
> – 영화 «모스끄바는 눈물을 믿지 않는다»

[예문]

- 운동동사 ходить 걸어 다니다, ездить 타고 다니다, бегать 뛰어다니다, летать 날아다니다, носить 들고 다니다, возить 싣고 다니다, ...

    (10) В толпе взрослых туда-сюда **бегают** дети.

    (11) В огромном аквариуме, стоящем посреди зала, **плавали** красивые тропические рыбки.

    (12) На улице зима, но у нас дома теплые полы и дети дома **ходят** босиком.

    (13) Анна с Таней долго **ходили** по музею и осмотрели всю экспозицию.

    (14) Девочки целыми днями **бегают** во дворе дома.

    (15) Василий каждое лето **ездит** отдыхать в Крым.

    (16) Анна Сергеевна часто **летает** по делам в Новосибирск.

    (17) Мы часто **водим** своих детей в театры.

    (18) Мой старший брат часто **возит** меня на работу.

    (19) Утром Ольга **бегала** в аптеку за лекарствами, потому что заболел брат.

    (20) Позавчера Коля **ездил** в аэропорт провожать своих друзей.

    (21) На прошлой неделе Серёжа **летал** в Петербург по важному делу.

2 접두사가 있는 경우

❶ 운동동사와 결합하는 다양한 접두사

접두사	의미	함께 쓰이는 전치사	예문
в(во-)	밖에서 안으로의 동작	в, на+что(4) ~로, из+чего(2) ~로부터	**Входите**, пожалуйста. 들어오세요.

접두사	의미	함께 쓰이는 전치사	예문
вы-	안에서 밖으로의 동작	в, на+что(4) ~로, из+чего(2) ~로부터	Обычно я **выхожу** из дома в 7 часов утра. 보통 나는 집에서 아침 7시에 나온다.
при-	도착	в, на+что(4) ~로, из, с+чего(2) ~로부터	**Приходите** к нам в гости! 우리 집에 놀러 오세요!
у-	떠나고 없음	к кому(3) ~한테, ~집에 от кого(2) ~로부터	Иван **уехал** из Москвы. 이반은 모스끄바를 떠났다.
за-	잠깐 들름	в, на+что(4) ~로, к кому(3) ~한테, ~집에 за+чем(5) ~를 하러	По дороге домой я **зашёл** в магазин за продуктами. 집에 오는 길에 나는 식료품을 사러 들렀다.
под-	접근	к кому(3) ~쪽으로 к чему(3)	Когда мы **подошли** к остановке, мы увидели Андрея. 우리가 정류장 앞에 왔을 때, 우리는 안드레이를 발견했다.
от (ото-)	~로부터 떨어져 나옴	от кого(2), от чего(2) ~로부터 в, на+что(4) ~로	**Отойди** от меня! 나한테서 좀 떨어져! Антон **отнёс** книги в библиотеку. 안똔은 책을 도서관에 반납했다.
до-	~까지 도달	до чего(2) ~까지	Как **доехать** до аэропорта? 공항까지 어떻게 가요?
об-	1) 우회해서 가다	вокруг+чего(2) ~주위	Мы **обходим** лужи, чтобы не промочить ноги. 우리는 발이 안 젖도록 하려고 웅덩이들을 피해서 가고 있다.

접두사	의미	함께 쓰이는 전치사	예문
об-	2) 주위를 돌다(전치사 вокруг와 함께) 3) 안 가본 데 없이 다 가보다	вокруг+чего(2) ~주위	Антон несколько раз **объезжал** вокруг памятника, чтобы лучше рассмотреть его со всех сторон. 안똔은 동상을 여러 각도에서 자세히 보기 위해 동상 주위를 몇 번 돌았다. Анна **обошла** все театры Москвы. 안나는 모스끄바에 있는 극장이란 극장은 다 가 봤다.
про-	1) 옆을 지나가다 2) 통과해서 지나가다 3) 일정한 거리를 가다	мимо+чего(2) ~옆을 через+что(4) ~를 지나 над+чем(5) ~위를 под+чем(5) ~아래를	Антон увлёкся чтением и **проехал** свою остановку. 안똔은 책 읽는 데 빠져 있어서 내려야 할 정류장을 놓쳐 버렸다. Студенты **прошли** к метро через парк. 학생들은 지하철역으로 갈 때 공원을 지나갔다. Туристы **прошли** 10 километров без отдыха. 관광객들은 10km를 쉬지 않고 걸었다.
пере-	한 장소에서 다른 장소로의 이동	из, с+чего(2) ~로부터 в, на+что(4) ~로 через+что(4) ~를지나	Когда Сергей **перешёл** улицу, он увидел Марину. 세르게이는 길을 건너고 나서, 마리나를 발견했다. Светлана **переехала** в новое общежитие. 스베뜰라나는 새 기숙사로 옮겼다.
с(со-) -ся	한 곳에 모이는 동작	в, на+что(4) 로 к кому(3) ~한테로	Гости **съезжались** на дачу. 손님들이 별장에 모이고 있었다.

접두사	의미	함께 쓰이는 전치사	예문
раз-ся	여러 장소로 흩어지는 동작	по+чему(3)(복) 각자 ~로	Занятия начались, и студенты **разошлись** по аудиториям. 수업이 시작되어서 학생들은 각자 강의실로 흩어졌다.

❷ 접두사가 있는 운동동사의 용법

완료상 동사	불완료상 동사
1. 결과의 지속 (과거 행위의 결과가 발화 시점까지 남아 있는 경우) Вчера к нам **приехала** бабушка. 어제 우리 집에 할머니가 오셨다.	**1. 과거에 한 행위의 결과가 현재까지 남아 있지 않은 경우** ('왔다 갔다') Вчера ко мне **приходил** профессор Миронов. 어제 미로노브 교수님이 나를 찾아오셨었다.
2. 완료된 행위 Когда Ирина **подошла** к своему дому, она нашла в сумке ключи от своей квартиры. 이리나가 자기 집 앞에 다 왔을 때, 자기 집 열쇠를 가방 속에서 찾아냈다.	**2. 행위의 과정** Наташа **подходила** к лифту и искала в карманах ключи от своей квартиры. 나타샤는 엘리베이터 쪽으로 걸으면서 아파트 열쇠를 주머니에서 찾아 봤다.
3. 1회성 Сегодня Юра опоздал, он **пришёл** на урок на занятия только в 10 часов. 오늘 유라는 지각해서, 수업에 10시나 되서야 도착했다.	**3. 반복** Летом мы с мужем часто **приезжали** в этот национальный парк, чтобы подышать свежим воздухом. 여름에 나와 남편은 신선한 공기를 마시려고 이 국립 공원에 자주 왔었다.

❸ **접두사가 있는 운동동사 집중 탐구**

: 일반적으로 정태 동사에 접두사를 붙이면 완료상이 되고, 부정태 동사에 접두사를 붙이면 불완료상이 됩니다.

■ войти, входить, ... '들어가다'

완료상 (войти, вбежать, ...)
1. 순차성 Я **открыл** калитку и **вошёл** во двор, за мной **вбежала** собака. 내가 쪽문을 열어서 마당 안으로 들어왔고, 내 뒤에 개 한 마리가 뛰어들어왔다. **2. 1회성** Прозвенел последний звонок, все зрители **вошли** в зал и расселись по своим местам. 마지막 종소리가 들리자 관객들 모두는 홀로 들어가서 각자 자리에 흩어졌다.

[예문]

(22) На остановке в автобус **вошел** контролер. Алексей искал билет во всех карманах, но безуспешно.

(23) Подошел лифт, двери открылись и студенты **вошли** внутрь.

(24) Прозвенел школьный звонок и школьники **вошли** в класс.

불완료상 (входить, вбегать, ...)
1. 과정, 동시성 Посетители **входили** в здание Эрмитажа и **замирали** от восторга. 방문객들은 에르미따쥬 건물로 들어가면서 너무 기쁜 나머지 갑자기 멈춰섰다. **2. 반복** Пока мы с подругой разговаривали, в комнату несколько раз **входили** разные люди. 여자친구와 내가 대화를 나누는 동안 방에 사람들이 들락날락거렸다.

[예문]

(25) Грузовик долго и медленно **въезжал** на гору.

■ выйти 나가다, выходить 나가다, '... (밖으로) 나가다'

완료상 (выйти, выбежать,...)

1. 잠깐 밖에 나가 있음을 표현

Подождите, пожалуйста, Анна Петровна **вышла**.

잠깐만 기다려주세요. 안나 뻬뜨로브나씨가 잠깐 나가셨어요.

2. 1회성

Малыш взял Карлсона за руку, и они вместе **вышли** на крышу.

그는 칼손의 손을 잡았고, 그들은 함께 지붕으로 나왔다. – 린드그렌의 «꼬마 닐스와 칼손»

3. 순식간에 일어나는 행위 (быстро 빨리, стремительно 재빨리 등과 함께)

Он нажал кнопку на животе и прежде чем Малыш успел опомниться, стремительно **вылетел** из окна.

그가 배 위에 있는 단추를 누르자 꼬마 닐스가 사태를 파악하기도 전에 잽싸게 창문 밖으로 날아갔다.
– 린드그렌의 «꼬마 닐스와 칼손»

4. 순차성

В воскресенье утром Анна **вышла** во двор и сделала зарядку на свежем воздухе.

일요일 아침에 안나는 마당으로 나와서 신선한 공기를 마시며 체조를 했다.

5. 표현 вывести кого(4) из себя (이성을 잃게 만들다)

Никому не удается **вывести меня из себя**.

아무도 내가 이성을 잃도록 만들지는 못한다.

[예문]

(26) Карлсон **вылетел** в открытое окно.

(27) Вчера Наташа боялась опоздать на работу, потому что **вышла** на пятнадцать минут позже, чем обычно.

(28) У Ивана Ивановича совсем небольшая лысина, к счастью еще не все волосы успели **вылезти**.

(29) Филле и Рулле **вышли** в прихожую, и бедный Оскар остался совсем один.

(30) Сергей сел на мотоцикл и **выехал** за ворота.

불완료상 (выходить, выбегать...)

1. 행위 자체가 있었는지 여부

Ты сегодня **выходил** на улицу?

너 오늘 밖에 나간 적 있니?

2. 반복

На каждой станции туристы **выходили** из вагона, чтобы осмотреть ее.

지하철이 설 때마다 관광객들은 구경하려고 열차에서 내렸다.

3. 행위의 과정 ('나가는 중에')

Когда я **выходила** из дома, я взяла зонт.

나는 집에서 나오면서 우산을 챙겼다.

4. 현재시제로 아주 가까운 미래를 표현

- Саша, ты уже собралась?
- Да, я **выхожу** через 5 минут.

– 싸샤, 너 벌써 나갈 준비하니?
– 응, 나 5분 후면 나가.

5. 동시성

Соседка **выходит** на улицу и **выносит** ковёр, чтобы почистить его.

옆집 사는 여자는 카페트를 청소하려고 카페트를 가지고 나온다.

6. 표현 выходить из себя (이성을 잃다)

А Оскар уже начал **выходить из себя**, громко требуя, чтобы ему вернули его вещи.

오스카는 큰 소리로 자기 물건을 돌려줄 것을 요구하며, 이성을 잃기 시작했다.

— 린드그렌의 《꼬마 닐스와 칼손》

[예문]

(31) Убедившись, что дома никого нет, воры взламывают замок и **выносят** из квартиры всё ценное.

(32) Во время землетрясения люди в панике **выбегали** на улицы.

- уйти 떠나다, уехать(타고) 떠나다, унести 가져가 버리다, уходить 떠나다, уезжать (타고) 떠나다, уносить 가져가 버리다,...

완료상
(уйти, уехать, унести, ...)

1. '떠나고 없다'

Твои родственники уже **уехали** в Воронеж или они все еще гостят у вас?

너희 친척들은 벌써 보로네쥐로 떠났니 아니면 아직 너희 집에 계시니?

2. '퇴근하고 (회사에) 없다'

- Могу ли я поговорить со Светланой Андреевной?
- Рабочий день кончился. Светлана Андреевна **ушла** домой.

– 스베뜰라나 안드레예브나씨와 얘기 좀 할 수 있을까요?
– 업무 시간이 끝났습니다. 스베뜰라나 안드레예브나씨는 퇴근하고 안 계십니다.

3. '출근하고 (집에) 없다'

Отец **ушёл** на работу.

우리 아버지는 출근하고 안 계신다.

4. унести '(생명 등을) 앗아 가다'

Эпидемия **унесла** жизни многих людей.

전염병이 수많은 사람들의 목숨을 앗아 갔다.

5. '~에 ...시간이 걸리다'

- Я должен сначала прибрать у себя в доме. Но на это не **уйдёт** много времени.

– 난 먼저 우리 집을 좀 치워야해. 시간이 많이 걸리지는 않을거야.

– 린드그렌의 «꼬마 닐스와 칼손»

> **6. 부정문의 경우 '안 떠나고 남아 있다'란 의미**
>
> Кажется, что зима **не ушла**, а только спряталась в леса, на дно озёр, и все еще дышит оттуда запахом снега. *(- К. Паустовский)*
>
> 겨울은 아직 가지 않고, 단지 숲 속, 호수 바닥에 숨어서 여전히 눈 내음으로 숨을 쉬는 듯하다. *(빠우스똡스끼)*

[예문]

(33) Птица была осторожна, она заметила движение в кустах и **улетела.**

(34) Прошло больше двух лет с тех пор, как я **уехал** из Киева в Одессу... *(К. Паустовский)*

(35) Сергей рано **ушел** на работу, Анна не успела сказать ему о том, что она купила билеты на вечерний спектакль.

(36) Вместе с режиссером из театра **ушли** лучшие артисты.

(37) - Директор у себя?
    - Нет, он уже **ушёл.**

(38) - А где картина Левитана «Золотая осень»? Она висела здесь.
    - Ее **увезли** на выставку в Сеул.

(39) Иван вошёл в комнату, взял с полки несколько книг и **унёс** их в свой кабинет.

(40) В Дагестане теракт **унес** жизни нескольких мирных жителей.

(41) - Елена Викторовна уехала во Владивосток.
    - А как же ее новая мебель?
    - Мебель она **увезла с собой.**

(42) На все эти приготовления **ушло** немало времени.

불완료상
(уходить, уезжать, уносить...)

1. 떠나는 중, 과정

Когда будете **уходить**, не забудьте погасить свет.

나갈 때, 불 끄는 거 잊지 마세요.

2. 나가고 없었다 (다시 돌아온 경우)

В половине одиннадцатого Анна Сергеевна **уходила** к себе в комнату, отдавала приказания на следующий день и ложилась спать. *(И.Тургенев)*

10시 반에 안나 세르게예브나는 자기 방으로 갔고, 다음 날 해야 할 일들을 지시한 후에 잠자리에 들었었다. *(뚜르게네프)*

3. 반복

Когда Ольга **уходила** из дома, она частенько забывала ключи от квартиры.

올가는 집에서 나가면서 자주 아파트 열쇠를 두고 가곤 했다.

4. 가까운 미래 표현 (현재시제)

Скоро я **уезжаю** в отпуск.

곧 나는 휴가를 떠난다.

[예문]

(43) - Где была картина Левитана всё это время?
 - Её **увозили** в Москву на выставку.

(44) - Николай, где ты был? Я звонил тебе всё воскресенье.
 - Я **уезжал** с приятелем на рыбалку.

(45) Андрей **уходил** на работу, торопился, и я не стал разговаривать с ним о планах на вечер.

(46) - Серёжа, ты сказал отцу, что сегодня в школе родительское собрание?
 - Нет, забыл.
 - Иди скорее, скажи ему об этом, ведь он **уходит** на работу.

(47) С наступлением холодов, птицы **улетают** на юг в тёплые края.

(48) После спектакля знаменитому актёру пришлось **убегать** от своих поклонниц.

(49) Многие малыши думают, что Дедушка Мороз с приходом жары отправляется в отпуск или **уезжает** на Северный полюс.

(50) Наконец отец **уезжает** в командировку. Ура! Да здравствуй, свобода!

>
> (51) Театр **уехал** на гастроли в Австралию. (떠나고 없다)
> (52) Нина **вышла** купить булочки для завтрака, она вернется через 5 минут. (잠깐 나갔다)

- прийти 도착하다, приехать 타고 도착하다, принести 가져오다, приходить 도착하다, приезжать 타고 도착하다, приносить 가져오다, ...

완료상
(прийти 도착하다, приехать 타고 도착하다, принести 가져오다, ...)

1. '와 있다'

Вечером к Светлане неожиданно из Москвы **приехала** бабушка.

저녁에 스베뜰라나 집에 예고도 없이 모스끄바에서 할머니가 오셨다.

2. 1회성

И **приду** ли опять в этот лес, напоенный ароматом весенним и блеском лучей...*(И. Бунин)*

봄 내음, 햇빛의 반짝임 머금은 이 숲으로 내가 다시 오게 될까... *(부닌)*

3. '가져오다, 안고 오다'

Девочки, посмотрите, какие яблоки я **принёс**! Я хочу вас всех угостить.

얘들아, 봐 봐, 내가 사과 가져왔어! 너희들 주려고 가져왔어.

4. '싣고 오다'

Сегодня мы **привезли** из зоомагазина котёнка. Он ещё маленький и много спит.

오늘 우리는 애완동물 가게에서 새끼 고양이 한 마리를 데리고 왔다. 아직 어려서 잠이 많다.

5. 순차성 : '와서 ...했다'

И **прибежала** зайчиха и **закричала** : «Ай, ай! Мой зайчик попал под трамвай!» - *К. Чуковский «Доктор Айболит»*

그리곤 엄마 토끼가 뛰어와서는 소리지르기 시작했다. '어머, 이를 어째, 내 새끼가 전차 밑에 들어갔어요!' – *꼬르네이 츄꼽스키의 «의사 아이아파»*

6. '직장에서 퇴근하다' 또는 '학교 갔다 오다'

Папа рассердился, потому что Малыш поздно **пришёл** из школы.

아빠는 꼬마 닐스가 학교 갔다 늦게 왔기 때문에 화가 많이 났다.
– 린드그렌의 «꼬마 닐스와 칼손»

7. 부정문의 경우 '오기로 했는데, 또는 기대를 저버리고 오지 않았다'라는 의미

Мой багаж **не прилетел** в Сочи. Помогите, пожалуйста, его найти.

내 짐이 소치에 도착하지 않았어요. 내 짐을 찾을 수 있게 좀 도와주세요.

8. кому(3) в голову пришла мысль '~의 머릿속에 ...생각이 떠올랐다'

На мгновение ему **в голову пришла мысль** пригласить их всех к себе в комнату, чтобы познакомить наконец с Карлсоном.

순간적으로 그의 머릿속에 그들 모두를 자기 방에 초대해야겠다는 생각이 떠올랐다. 드디어 칼손을 소개시킬 수 있을 것 같아서이다.
– 린드그렌의 «꼬마 닐스와 칼손»

[예문]

(53) Я **пришёл** к тебе с приветом,
　　 Рассказать, что солнце встало,
　　 Что оно горячим светом,
　　 По листам затрепетало. *(- А. Фет)*

(54) Я **привезу** тебе завтра купальную шапочку. Без неё не пустят в бассейн.

(55) **Пришёл,** увидел, победил!

(56) Ольга **принесла** на работу свои свадебные фотографии, чтобы показать их коллегам.

(57) Наступила весна и **принесла** в Москву тёплые ветры с Атлантики.

(58) Как вам **пришла в голову мысль** похитить Бэлу? *(М. Лермонтов)*

불완료상
(приходить 도착하다. приезжать 타고 도착하다. приносить 가져오다. ...)

1. 반복

Юрий часто **приходит** в парк побродить по его тенистым аллеям.

유리는 그늘진 가로수 길을 배회하러 공원에 자주 온다.

2. '왔다가 가고 지금은 없다'

Вчера к нам **приходили** наши русские друзья.

어제 우리 집에 러시아 친구들이 다녀갔다.

3. 부정문 : '온 적이 없다, 아직 안 왔다갔다'

- Антон Викторович здесь?
- Нет, он ещё **не приходил.**

– 안똔 빅또로비치씨 여기 계세요?
– 아니요, 아직 안 오셨어요.

4. 부정문 : '일정한 기간 동안 ...에 온 적이 없다'

Целый год Николай **не приходил** в этот сад полюбоваться старыми дубами.

니꼴라이가 이 정원에 오래된 참나무들을 감상하러 오지 않은 지 꼬박 일년이 됐다.

[예문]

(59) Юрий каждый раз **приходил** к большому пруду покормить уток и полюбоваться водной гладью.

(60) - Как приятно, что Иван Викторович подарил нам розы.
    - Он всегда **привозит** розы из путешествия по Крыму.

(61) Тихо-тихо, нежно, как во сне, иногда **приходишь** ты ко мне. *(Н. Гумилёв)*

(62) - Мама, к нам **приходил** почтальон?
    - Да, **приходил.**

(63) Мы скучали по Антону, он долго к нам **не приходил.**

- подойти 다가오다, подъехать 타고 다가오다, подбежать 뛰어서 접근하다, подлететь 날아서 접근하다, подходить 다가오다, подъезжать 타고 다가오다, ...

완료상
(подойти 다가오다. подъехать 타고 다가오다. подбежать 뛰어서 다가오다. ...)

1. 접근을 끝내서 목표물 앞에 있는 경우

Ректор **подошёл** к микрофону и поздравил студентов с началом учебного года.

총장이 마이크 앞으로 나와 새 학기가 시작된 것에 대해 학생들을 축하했다.

2. 순차성

Преподаватель русского языка **подошёл** к доске и **написал** на ней тему урока.

러시아어 선생님은 칠판 앞으로 다가와 수업 주제를 적었다.

3. 1회성

«До встречи! Завтра увидимся», - сказал он, **подойдя** к двери своей комнаты.

"안녕! 내일 만나요."라고 그는 자기 방문 앞에서 말했다.

[예문]

(64) Карлсон **подошёл** к книжной полке Малыша и вытащил стоявшую там игрушечную паровую машину.

(65) В магазине какому-то мужчине стало плохо, я **подошла** и спросила, могу ли чем-то ему помочь.

(66) Девушка **подошла** к микрофону и **начала** петь.

(67) Он **подошёл** к кроватке, в которой лежал ребёнок, и **пощекотал** его под подбородком своим толстеньким указательным пальцем.

(68) С улицы раздались крики. Я **подошла** к окну и **выглянула** наружу.

(69) Алёна **встала** из-за стола, **подошла** к окну и **распахнула** его.

(70) Мужчины **подплыли** на лодке к острову и **высадились** на берег.

불완료상
(подходить 다가오다, подъезжать 타고 다가오다, подбегать 뛰어서 다가오다, ...)

1. '접근했었다'

- Кто это к тебе **подходил**?

– 너한테 다가왔던 사람이 누구야?

2. 과정 ('접근 하는 동안'), 동시성

Автобус **подходил к** автостанции, пассажиры готовились к выходу.

버스가 버스 정류장 쪽으로 가는 동안 승객들은 내릴 준비를 하고 있었다.

> **3. 반복, 일상적 행동**
>
> В зоопарке животные не боятся людей, они **подходят** и берут пищу из их рук.
>
> 동물원에서는 동물들이 사람들을 안 무서워해서, 사람들 쪽으로 다가와서는 손으로 주는 음식을 받는다.

[예문]

(71) Алёна, ты видела мужчину, который только что **подходил к** цветочному киоску? Это известный актёр!

(72) - Миша, зачем ты **подходил к** полицейскому?
 - Я **подходил к** нему, чтобы спросить, как проехать к Большому театру.

(73) Вот моряк **подходит к** дому, всем ребятам незнакомый. И ребята тут ему говорят : «А вы к кому?» *(С. Михалков)*

(74) Сегодня после лекции Антон ко мне не **подходил.**

- отойти 떨어져 나가다, отъехать 타고 떨어져 나오다, отнести 갖다 놓다, отвезти 실어다 놓다, отходить 떨어져 나가다, отъезжать 타고 떨어져 나오다, относить 갖다 놓다, отвозить 실어다 놓다, ...

> **완료상**
> (отойти 떨어져 나가다, отъехать 타고 떨어져 나오다,
> отнести 갖다 놓다, отвезти 실어다 놓다, ...)
>
> **1. '~로부터 떨어지다, 분리되다'** (전치사 от와 함께)
>
> Игорь **отошёл** в сторону, **присел** на низенькую скамеечку и **надулся.**
>
> 이고르는 한 쪽으로 물러나 나즈막한 벤치에 앉아서 골을 냈다.
>
> **2. '갖다 놓다, 실어다 놓다'** (물건은 변경된 장소에 있다.)
>
> Сегодня Алла и Борис **отвезли** новогодние подарки в детский дом.
>
> 오늘 알라와 보리스는 새해 선물들을 고아원에 실어다 놨다.
>
> **3. '(수리, 세탁소 등에) 맡기다'**
>
> - Где твои часы?
> - Я **отнесла** их в ремонтную мастерскую.
>
> – 네 시계 어디에 있니?
> – 수리한다고 시계방에 맡겨놨어.

4. '바래다 주다'

Летом в городе пыльно и душно, поэтому отец **отвёз** детей в деревню к бабушке.

여름에 도시엔 먼지가 많고 공기가 탁해서 아버지는 아이들을 시골에 계신 할머니 댁에 데려다 놓았다.

5. '반납하다, 돌려주다'

- Сергей, ты **отнёс** книги в библиотеку?

- 세르게이, 너 도서관에 책 반납했니?

[예문]

(75) На прошлой неделе Антон **отвёз** новые кресла на дачу.

(76) **Отнесите** эти газеты Анне Андреевне.

(77) Виктору надо **отнести** свой телевизор в ремонт.

(78) Маленький мальчик потерялся в магазине, поэтому мы **отвели** его в администрацию универмага.

(79) Мария Николаевна **отвела** женщину в комнату матери и ребёнка.

(80) Медсестра **отвела** больного в палату.

(81) Гости выпили чаю и вышли на веранду, а я собрала чашки и **отнесла** их на кухню.

불완료상

(отходить 떨어져 나가다, отъезжать 타고 떨어져 나오다,
относить 갖다 놓다, отвозить 실어다 놓다. ...)

1. '출발하다'

Поезд **отходит** через 5 минут.

기차는 5분 후에 출발한다.

2. 행위 자체

Сыновья собирали яблоки, а мать и отец **относили** корзины к дому.

아들들은 사과를 땄고, 어머니와 아버지는 바구니들을 집 앞에 갖다 놓았다.

[예문]

(82) Поезд **отходит** через 10 минут.

(83) Дети собирали ягоды, а мать и отец **относили** корзины к дому.

- пойти 출발하다, поехать 타고 출발하다, побежать 뛰어서 출발하다, полететь 날아서 출발하다, походить, поезжать, побегать, полетать, …

완료상
(пойти 출발하다. поехать 타고 출발하다.
побежать 뛰어서 출발하다. полететь 날아서 출발하다…)

1. 출발

Времени было совсем мало. Ольга взяла такси и **поехала** в аэропорт.

시간이 너무 촉박했다. 올가는 택시를 잡아서 공항으로 출발했다.

2. '싣고 출발하다'

Зимой Иван Иванович **повёз** свою семью в горы кататься на лыжах.

겨울에 이반 이바노비치는 스키를 타러 가족을 산에 데리고 갔다.

3. '가지고 출발하다'

Малыш взял тарелку обеими руками и осторожно **понёс** её в свою комнату.

꼬마 닐스는 두 손으로 접시를 쥐고, 조심스레 자기 방으로 가져갔다. – 린드그렌의 «꼬마 닐스와 칼손»

4. 1회성

- Вы **пошли** в кино, вместо того, чтобы весь вечер готовиться к экзамену?

– 저녁 내내 시험 공부 안 하고 영화관에 가셨다구요?

5. 방향의 변화, 분위기 전환

Мужчина шёл прямо по улице, потом остановился, подумал и **пошёл** в переулок направо.

남자는 거리를 따라 직진을 한 후에, 멈춰서 잠시 생각을 하고는 골목을 향해 오른쪽으로 갔다.

6. 속도의 변화

Антон посмотрел на часы и **пошёл** быстрее.

안톤은 시계를 보더니 더 빨리 걷기 시작했다.

7. '~에 갈 것이다' (미래의 계획)

Завтра мы с другом **пойдём** в кино.

내일 나와 내 친구는 영화관에 갈 것이다.

8. 순차성

Фильм окончился. Зрители **встали** и **пошли** к выходу.

영화가 끝났다. 관객들이 일어나서 출구 쪽으로 갔다.

9. 구어체에서 '가자'란 의미

Пошли быстрее! А то опоздаем.

더 빨리 가자구! 안 그럼 늦어.

10. 부정문에서는 '한 번 안 갔다'라는 의미

- Маша, ты ездила в прошлое воскресенье во Владимир?
- Нет, **не поехала.** Я хотела поехать, но почувствовала себя плохо.

– 마샤, 너 지난주 일요일에 블라지미르에 다녀왔니?
– 아니, 안 갔어. 가고 싶었는데, 몸이 안 좋아서."

[예문]

(84) Ваня, игравший в парке, услышал голос мамы, которая звала его к обеду. Он **схватил** свои игрушки и **побежал** домой.

(85) Когда работа над новым проектом была закончена, Сергей **взял** отпуск и **поехал** отдыхать в Сочи.

(86) У Людмилы заболела голова, и она **пошла** прогуляться.

(87) Наташа и Андрей **сели** в такси и водитель **повёз** их в аэропорт.

(88) Ваня **взял** котёнка на руки и **понёс** домой, крепко прижимая к себе.

(89) Дождь усилился, и дети **побежали** быстрее.

(90) Виктор **почувствовал** усталость и **поплыл** медленнее.

(91) - Куда ты **пойдёшь** завтра?
     - Я **пойду** в Эрмитаж. Я там ни разу не была.

(92) - Завтра пятница, я освобожусь раньше.
     - Ты **поедешь** куда-нибудь на выходные? *- А. Чуковский «Доктор Айболит»*

(93) О, если я утону, если **пойду** я ко дну, что станется с ними, с больными, с моими зверями лесными?*(К. Чуковский)*

(94) Катя, **поехали** завтра в лес за орехами!

(95) Друзья, **полетели** в Крым на следующей неделе!

(96) **Пошли** в кино! Тебе нужно развлечься.

(97) Утром отец выпил чашку кофе, прочитал газету и **поехал** на работу.

(98) Туристы **вышли** из автобуса, и экскурсовод **повел** их в музей.

(99) Меня пригласили на оперу «Евгений Онегин», но я **не пошла.** У меня было плохое настроение.

완료상

(походить, поезжать, побегать, полетать, ...)

조금 걷다, 뛰다, 날다 등

От напряжённой работы у Тани разболелась голова. Она вышла из дому и немного **походила** по парку.

일이 너무 많아서 따냐는 머리가 심하게 아팠다. 그녀는 집을 나와서 공원을 좀 걸어 다녔다.

[예문]

(100) Я бы с удовольствием **поездила** с вами по Подмосковью.

(101) Мне очень хочется **полетать** на воздушном шаре.

(102) **Побегать** бы по молодой травке!

(103) В волнении Андрей **походил** по комнате и снова сел.

(104) Давай **побегаем** по снегу, посмотри, какой он свежий и пушистый!

(105) Миша немного **поплавал** в реке, но вода была очень холодная, и он быстро замёрз.

(106) Во время каникул мы с друзьями хотим **поездить** по южным городам Кореи.

 주의하세요! ПОЙТИ (출발하다), ПОХОДИТЬ (조금 걷다) 모두 완료상입니다.

- зайти 잠깐 들르다, забежать 뛰어서 잠깐 들르다, заехать 타고 잠깐 들르다, залететь 날아서 잠깐 들르다, занести 잠깐 들러서 갖다주다, заходить 잠깐 들르다, забегать 뛰어서 잠깐 들르다, заезжать 타고 잠깐 들르다, залетать 날아서 잠깐 들르다, заносить 잠깐 들러서 갖다주다...

> **완료상**
> (зайти 잠깐 들르다, забежать 뛰어서 잠깐 들르다, заехать 타고 잠깐 들르다, залететь 날아서 잠깐 들르다, занести 잠깐 들러서 갖다 주다, ...)
>
> 1. 순차성, 결과의 지속
>
>   В кафе **зашёл** пожилой мужчина и **сел** за свободный столик.
>   카페에 한 노인이 들러서 빈 자리에 앉았다.
>
> 2. 1회성
>
>   В ресторан **зашли** две молодые девушки.
>   레스토랑에 젊은 아가씨 두 명이 들렀다.

[예문]

(107) Честное слово, - сказал он, - я только для того и **заехал**, чтобы посмотреть на тебя, на одну тебя, можешь быть уверена. *(В.Ф.Панова)*

(108) В открытое окно **залетел** воробей, он **сел** на край стола и внимательно **посмотрел** на меня.

(109) - Ты сможешь вернуть книги завтра?
      - Да, я **занесу** их утром, когда буду идти в университет.

(110) Я **зашёл** к Николаю, чтобы забрать свои учебники по математике.

(111) По дороге домой я **зашла** на почту купить марки и конверты.

(112) Саша торопился на работу, мать смотрела в окно, как он бежал по улице, **забежал** за угол дома и **пропал** с глаз.

> **불완료상**
>
> (заходить 잠깐 들르다. забегать 뛰어서 잠깐 들르다. заезжать 타고 잠깐 들르다. залетать 날아서 잠깐 들르다. заносить 잠깐 들러서 갖다 주다...)

1. 잠깐 들렀던 행위 ('지금은 없다')

   - Иван Иванович, скажите Владимиру, что я **заходил** и ещё зайду завтра после работы.

   – 이반 이바노비치, 블라지미르에게 제가 들렀었고, 내일 일 끝나고 또 들르겠다고 전해 주세요.

2. 반복

   После работы Антон часто **заходил** в кафе выпить чашку кофе.

   안똔은 퇴근하고 커피 한 잔 하러 자주 카페에 들르곤 했다.

[예문]

(113) По дороге домой молодожёны **заезжали** в большой универсам, чтобы купить продукты к ужину.

(114) - Почему ты так поздно вернулась из театра? Ты была у Тани?
    - Да, я **заезжала** к ней.

(115) - У вас есть книги Чехова?
    - Нет, сейчас нет. Их быстро раскупают, **заходите** почаще.

(116) По воскресеньям Саша и Маша всегда бывали дома, и мы с мужем частенько **заезжали** к ним.

> **TIP 주의하세요!**
>
> ■ забегать, заходить가 '~걷기 시작하다, 뛰기 시작하다'란 의미일 때는 완료상입니다.
>
> Не соглашаясь с нами, Антон заговорил ещё быстрее и **забегал** по аудитории.
> 안똔은 우리의 의견에 동의하지 않더니. 더 빨리 말을 하기 시작하고서는 강의실을 **뛰어다니기 시작했다**.
>
> Иван Петрович встал и в волнении **заходил** по комнате.
> 이반 뻬뜨로비치는 일어나서 초조해하며 방안을 **왔다 갔다 하기** 시작했다.
>
> Было так страшно, что Ольга почувствовала, как у неё по телу **забегали мурашки**.
> 너무 무서운 나머지 올가는 살갗 위로 **소름이 돋기 시작했다**.

- дойти ~까지 가다, добежать ~까지 뛰어가다, доехать ~까지 타고 가다, доходить ~까지 가다, добегать ~까지 뛰어가다, доезжать ~까지 타고 가다, ...

> **완료상**
> (дойти ~까지 가다, добежать ~까지 뛰어가다, доехать ~까지 타고 가다, ...)
>
> 1. '한 번 ~까지 (얼마나 걸려서) 가다'(전치사 до와 함께)
>
>   Сегодня Антон **дошёл** до дома за час.
>
>   오늘 안똔은 집까지 1시간 만에 도착했다.
>
> 2. '(어디까지) 바래다주다'
>
>   Девочка **довела** слепого до дома.
>
>   소녀가 장님을 집까지 바래다주었다.
>
> 3. '(교통 수단으로 사람을) ~까지 싣고 가다'
>
>   Автобус **довёз** нас до вокзала за полчаса.
>
>   우리는 버스로 30분 만에 기차역에 도착했다.
>
> 4. 순차성
>
>   Молодой человек **дошёл** до ворот большого дома, **остановился** и **закурил**.
>
>   젊은이가 큰 집 대문까지 가서는 멈춰서 담배를 피우기 시작했다.

[예문]

(117) Ты нам так хорошо объяснила дорогу, что мы без труда **дошли** до твоего дома.

(118) До Москвы мы **доехали** благополучно, но дальше начались приключения.

(119) - Здравствуйте, Елена Ивановна, как вы **долетели**?
      - Спасибо, очень хорошо.

(120) Саша **доплыл** до противоположного берега реки за десять минут.

(121) Трамвай **довёз** нас до университета за 15 минут.

불완료상
(доходить ~까지 가다, добегать ~까지 뛰어가다, доезжать ~까지 타고 가다, ...)

반복

От университета до дома я дохожу за 10 минут.

대학교에서 집까지 나는 10분이면 간다.

[예문]

(122) Юра **доходит** от дома до своей школы за 20 минут.

(123) Антон всегда **доезжает** до дома за 20 минут.

(124) Обычно мы **доезжаем** до аэропорта за час.

- перейти 건너다, переехать 타고 건너다, перенести 옮겨 놓다, перевести 데려다 놓다, переходить 옮기다, переезжать 타고 건너다, переносить 옮기다, переводить 데려다 놓다, ...

완료상
(перейти 건너다, переехать 타고 건너다, перенести 옮겨 놓다, перевести 옮기다, ...)

1. **'(길, 다리, 강 등을) 건너다'(전치사 через와 함께)**

   Загорелся зелёный сигнал светофора и мы **перешли** через дорогу.

   신호등의 파란 불이 켜져서, 우리는 길을 건넜다.

2. **'~를 데리고 길을 건너다, 실어 나르다'**

   Учитель **перевёл** школьников через улицу.

   선생님이 학생들을 데리고 길을 건넜다.

3. **'옮기다'**

   Вчера мы **перевезли** свои вещи на новую квартиру.

   어제 우리는 짐을 새 아파트로 실어 날랐다.

4. **'이직하다'**

   Марина Матвеевна **перешла** работать в туристическую фирму.

   마리나 마뜨베예브나는 여행사로 이직했다.

5. '이사하다'

В прошлом месяце наша семья **переехала** на другую квартиру.

지난 달에 우리 가족은 다른 아파트로 이사했다.

6. 순차성

Машины остановились, и школьники **перешли** через дорогу.

차들이 멈췄고, (초,중,고)학생들이 길을 건넜다.

7. '번역하다'

Я уже **перевела** три книги.

나는 벌써 책을 3권이나 번역을 끝냈다.

[예문]

(125) Мы **переехали** по мосту через реку.

(126) Спортсмены **переплыли** реку и **сели** на велосипеды.

(127) Самолёт **перелетел** гору и **направился** к аэродрому.

(128) Дочь **подросла** и родители **перенесли** её кроватку в другую комнату.

(129) Наш отец **перешёл** работать на другую фабрику.

(130) Недавно наша семья **переехала** в Москву.

(131) Я **взяла** свою дочь за руку и **перевела** её через улицу.

불완료상
(переходить 옮기다, переезжать 타고 건너다,
переносить 옮기다, переводить 번역하다, ...)

1. 과정

Я увидела Антона, когда **переходила** дорогу.

나는 길을 건널 때 안똔을 발견했다.

2. 반복

Маленький Серёжа всегда поднимает руку, когда **переходит** через дорогу.

어린 시료좌는 길을 건널 때 마다 한쪽 손을 든다.

> 3. 가까운 미래
>
> Антон скоро **переходит** на другую работу.
>
> 안톤은 곧 직장을 옮긴다.
>
> 4. '이사하다'
>
> Мы **переезжаем** на другую квартиру, поближе к работе мужа.
>
> 우리는 남편 직장에 더 가까운 다른 아파트로 (곧) 이사한다.
>
> 5. '번역하다'
>
> - Чем ты сейчас занимаешься?
> - Я **перевожу** стихи.
>
> – 너 지금 뭐 하고 있니?
> – 시를 번역 중이야.

[예문]

(132) Машина **переезжает** через железнодорожные пути.

(133) Андрей смотрел, как Марина **переходит** через улицу.

(134) Московский метрополитен ежедневно **перевозит** 8-9 миллионов пассажиров.

(135) - Вы знаете, что Сергей Николаевич **переходит** на другую работу?
     - Почему он **переходит** на другую работу?

(136) Мой муж офицер, поэтому мы часто **переезжаем** из одного города в другой.

(137) В субботу наш детский сад **переезжает** в новое здание.

(138) - Анна переводчица?
     - Да, Анна молодец! Она одинаково хорошо **переводит** и литературу, и устную речь.

- пройти 지나가다, проехать 타고 지나가다, пробежать 뛰어서 지나가다, пролететь 날아서 지나가다, проходить 지나가다, проезжать 타고 지나가다, пробегать 뛰어서 지나가다, пролетать 날아서 지나가다, ...

> **완료상**
> (пройти 지나가다, проехать 타고 지나가다, пробежать 뛰어서 지나가다, пролететь 날아서 지나가다, ...)

1. '~(옆을) 지나가다' (전치사 мимо와 함께)

   Сегодня Андрей **прошёл** мимо театра, не останавливаясь.

   오늘 안드레이는 극장 옆을 멈추지 않고 지나쳤다.

2. '~를 통과하다' (전치사 через와 함께)

   Мы с сестрой **прошли** через парк и оказались на площади.

   누이와 내가 공원을 지나자 광장이 나왔다.

3. '(얼마 간의 거리)를 지나오다'

   Туристы **прошли** 10 километров без отдыха.

   관광객들은 쉬지도 않고 10km를 걸었다.

4. '(비행기가 ~위를) 지나가다' (전치사 над와 함께)

   Самолёт **пролетел** над озером.

   비행기가 호수 위를 지나갔다.

5. '(정류장)을 지나다'

   Мы **проехали** четыре остановки и вышли.

   우리는 네정류장을 간 후에 하차했다.

6. '(자신의 정류장)을 놓치다'

   В трамвае я зачиталась и **проехала** свою остановку.

   나는 전차 안에서 책 읽는 데 열중한 나머지 내가 내려야 할 정류장을 놓쳤다.

7. '~까지 어떻게 가나요?' (как + 동사원형!)

   Будьте добры, скажите, пожалуйста, **как проехать** на Красную площадь?

   붉은 광장까지 어떻게 가는지 좀 알려 주시겠어요?

[예문]

(139) Когда мы с друзьями **прошли** мимо главного здания МГУ, мы увидели нашего преподавателя.

(140) Отец **прошёл** через мост и повернул налево.

(141) Участники автораллы **проехали** 30 тысяч километров со средней скоростью 50 километров в час.

(142) За три часа пассажиры **пролетели** 1600 километров.

(143) Иван и Саша **проехали** три остановки и вышли из автобуса.

(144) Виктор увлёкся чтением и **проехал** свою остановку.

(145) Скажите, пожалуйста, **как проехать** к Третьяковской галерее?

불완료상

(проходить 지나가다, проезжать 타고 지나가다, пробегать 뛰어서 지나가다, пролетать 날아서 지나가다, ...)

1. 과정

В музее школьники **проходят** несколько залов и останавливаются перед картинами Сурикова.

박물관에서 학생들이 몇 개 홀을 지나면서 수리꼬프의 그림 앞에 멈춰선다.

2. 반복 ('옆을 지나가다' 혹은 '일정 거리만큼 가다')

Обычно Андрей **проходил** мимо театра, не останавливаясь.

안드레이는 보통 극장 옆을 보통 멈춰서지 않고 그냥 지나치곤 했다.

3. '(하루 종일, 오랫동안) 걸었다, 차를 탔다'

Мы с Юрой **проходили** по улице целых три часа, но так и не закончили свой спор.

유라와 나는 꼬박 3시간을 걸었지만, 끝내 논쟁의 끝을 보지 못했다.

[예문]

(146) Грустно, если некому крикнуть : «Привет, Карлсон!», когда ты **пролетаешь** мимо.

(147) По этой дороге за час **проезжает** около 20 тысяч автомобилей.

(148) У Малыша просто дух захватило от волнения и по спине побежали мурашки- ведь не каждый день мимо окон **пролетают** маленькие толстые человечки.

(149) Каждый день я **проезжаю** на велосипеде не менее 10 километров.

- сойти 내려가다, съехать 타고 내려가다, сбежать 뛰어 내려가다, сходить 내려가다, съездить 타고 내려가다, сбегать 뛰어 내려가다, ...

완료상
(сойти 내려가다, съехать 타고 내려가다, сбежать 뛰어 내려가다...)

1. 순차성

   Брат **сбежал** по лестнице вниз на первый этаж и **поменял** перегоревшую лампочку.

   동생은 계단을 1층까지 뛰어 내려가서 전구를 갈았다.

2. 1회성

   Отец **сбежал** по лестнице вниз на первый этаж и поменял перегоревшую лампочку.

   아버지는 계단을 1층까지 뛰어 내려가서 전구를 갈았다.

[예문]

(150) Мальчики **сбежали** с горки и **отправились** в лес.

불완료상
(сходить 내려가다, съезжать 타고 내려가다, сбегать 뛰어 내려가다, ...)

1. 과정

   Дети **съезжают** на санках со снежной горки.

   아이들이 썰매를 타고 눈 덮인 언덕을 내려오고 있다.

> **2. 반복**
>
> Каждое утро Антон быстро **сбегал** по лестнице с третьего этажа и мчался в школу.
>
> 매일 아침 안똔은 계단을 잽싸게 뛰어 내려와서는 학교를 향해 쏜살같이 갔다.

[예문]

(151) Когда открываешь окно, в комнату врывается ветер и листы бумаги **слетают** со стола.

(152) Сергей и Антон **съезжают** на санках со снежной горки.

- сходить 한 번 갔다 오다, съездить 타고 한 번 다녀오다, сбегать 한 번 뛰어갔다 오다
  → 완료상

 **주의 하세요!**
- '~에 한 번 갔다 오다' 라는 의미일 때는 сойти, сходить와 달리 완료상이며, 불완료상 짝은 없습니다.

> **완료상**
> (сходить 한 번 갔다 오다, съездить 타고 한 번 다녀오다, сбегать 한 번 뛰어갔다 오다...)
>
> **1. 1회성**
>
> Вечером Анна **сходила** в библиотеку за книгами.
>
> 저녁에 안나는 책을 빌리러 도서관에 갔다 왔다.
>
> **2. 가까운 미래**
>
> Сейчас я **схожу** в магазин за хлебом.
>
> 지금 (내가) 빵 사러 가게에 갔다 올게.

[예문]

(153) Вчера Таня **сходила** к врачу.

(154) Ваня **сбегал** на кухню за ножом и с его помощью стал доставать из копилки пятирублёвые монетки.

(155) Если ты настаиваешь, мы можем на выходные **слетать** в Петербург на выставку.

(156) В выходные мы **сходили** в гости к родственникам.

(157) В воскресенье мы **сходили** в баню и я прекрасно чувствовала себя всю неделю.

(158) Как быстро ты **сбегал** за свежими газетами, мы даже не успели выпить чаю.

(159) Обязательно **свожу** тебя вечером на новый спектакль!

(160) - Как вы **съездили** в Петербург?
 - Спасибо, поездка была замечательной!

(161) В воскресенье Людмила и Виктор **съездили** к своей бабушке и поздравили её с днём рождения.

 주의 하세요!

Я ездил в Москву. = Я был в Москве.
나는 모스끄바에 다녀왔다 = 나는 모스끄바에 있었다.

Я съездил в Москву. = Мне удалось побывать в Москве.
나는 모스끄바에 다녀왔다 = 모스끄바에 갔다 올 수 있었다. (결과적 측면을 강조한다.)

■ сойтись 모이다, съехаться 타고 모이다, сбежаться 뛰어서 모이다, сходиться 모이다, съезжаться 타고 모이다, сбегаться 뛰어서 모이다, ...

완료상
(сойтись 모이다, съехаться 타고 모이다, сбежаться 뛰어서 모이다, ...)

1회성

Вечером вся наша компания **сошлась** в квартире у Андрея.
저녁에 우리 팀 전체가 안드레이의 아파트에 모였다.

[예문]

(162) На южный берег Крыма **съехались** туристы.

(163) На свадьбу Антона **съехались** все родственики.

(164) На конгресс **съехались** учёные со всего мира.

> **불완료상**
> (сходиться 모이다, съезжаться 타고 모이다, сбегаться 뛰어서 모이다, ...)
>
> **과정**
>
> Боксёры **сходятся** на середине ринга. Они оба хотят победить, но победит тот, который сильнее стремится к победе.
>
> 복서들이 링의 가운데로 모이고 있다. 그들 둘 다 우승을 하길 원하며, 더 간절히 우승을 원하는 쪽이 승리할 것이다.

[예문]

(165) Учёные **съезжаются** на конференцию.

- разойтись 흩어지다, разъехаться 타고 흩어지다, разбежаться 뛰어서 흩어지다, расходиться 흩어지다, разъезжаться 타고 흩어지다, разбегаться 뛰어서 흩어지다, ...

> **완료상**
> (разойтись 흩어지다, разъехаться 타고 흩어지다, разбежаться 뛰어서 흩어지다,...)
>
> **1회성** (по+ 복수 여격 '각자 ...로')
>
> Студенты **разошлись** по аудиториям.
>
> 대학생들이 각자 강의실로 흩어졌다.

[예문]

(166) Спектакль закончился и публика **разошлась** по домам.

(167) Антон и Виктор долго стояли на улице и разговаривали, потом попрощались и **разошлись.**

(168) Было уже поздно. Мы попрощались с друзьями и **разошлись** по домам.

> **불완료상**
> (разходиться 흩어지다, разъезжаться 타고 흩어지다, разбегаться 뛰어서 흩어지다, ...)
>
> **반복**
>
> После летней сессии студенты **разъезжаются** на каникулы.
>
> 시험이 끝나면 대학생들은 (각자 집으로) 떠난다.

운동동사 111

[예문]

(169) После летней сессии студенты **разъезжаются** на каникулы.

(170) Вот май... Все **разъезжаются по** дачам отдохнуть. *(Некрасов.)*

- обойти 주위를 돌다, объехать 타고 주위를 돌다, обходить 한 바퀴 돌다, объезжать 타고 주위를 돌다, ...

> **완료상**
> (обойти 주위를 돌다. объехать 타고 주위를 돌다. ...)
>
> 1. '~ 주위를 한 바퀴 돌다' (전치사 вокруг 등과 함께)
>
>   Мы **обошли** собор, чтобы лучше рассмотреть его.
>
>   우리는 성당을 더 꼼꼼하게 살펴보기 위해 성당 주변을 한 바퀴 돌았다.
>
> 2. '~를 피해서 가다'
>
>   Мне пришлось **обойти** это место: здесь очень грязно.
>
>   나는 이곳을 피해 갈 수 밖에 없었다. 여긴 너무 더럽다.
>
> 3. '안 가본 데 없이 다 가보다' (весь, все 등과 함께)
>
>   Мы **обошли** все квартиры дома, но так и не нашли, в какой живёт наш преподаватель.
>
>   우리는 이 건물 안에 있는 모든 아파트를 가 봤지만, 우리 선생님이 살고 있는 아파트는 결국 못 찾았다.

[예문]

(171) Наша машина несколько раз **объехала** дом, прежде чем мы смогли найти место для парковки.

(172) Туристы **обошли** здание Эрмитажа, знакомясь с его архитектурой.

(173) Город, в котором я родился, такой маленький, что его можно весь **обойти** за несколько часов.

(174) Туристы прошли через лес, **обошли** болото и вышли на берег большой красивой реки.

(175) Иван несколько раз **объехал** вокруг озера, прежде чем нашёл кемпинг, в котором остановились его друзья.

(176) Здесь вам не проехать: вам придётся **объехать** строительную площадку.

(177) Мы с мужем **объехали** полмира.

(178) Анна **объехала** все магазины спортивных товаров в поисках нужных кроссовок.

(179) Иван выучился на лётчика и **облетел** чуть ли не весь свет.

불완료상
(обходить 한 바퀴 돌다, объезжать 타고 주위를 돌다, …)

1. '~주위를 한 바퀴 도는 중, ~를 돌아가는 중'

   Мы **обходили** вокруг озера и увидели выскочившего из леса зайца.

   우리가 호수 주변을 한 바퀴 도는 동안, 숲에서 뛰어나온 산토끼 한 마리를 발견했다.

2. '~를 피해 가는 중'

   Мужчина внимательно смотрит под ноги и аккуратно **обходит** все лужи.

   한 남자가 자신의 발밑을 잘 살피면서 조심조심 모든 웅덩이를 피해 가고 있다.

3. '~를 둘러보는 중, 순찰 중'

   Когда врач **обходил** больных в палатах первого этажа, в кармане его халата внезапно зазвонил телефон.

   의사가 1층 병실에 있는 환자들을 회진하는 동안 그의 가운 주머니에서 갑자기 전화벨이 울리기 시작했다.

[예문]

(180) Мужчина внимательно смотрит под ноги и аккуратно **обходит** все лужи.

(181) За день мы **обходили** весь город.

〔실전대비 문제〕

01. Ирина прочитала эту статью, когда она ____ на работу.
    (А) ехала
    (Б) ездила

02. Марина ____ в это кафе очень часто.
    (А) пришла
    (Б) приходила

03. Вы ____ в Сеул вчера или сегодня?
    (А) приехали
    (Б) приезжали

04. Максим ____ в Минск и сразу позвонил домой.
    (А) прилетел
    (Б) прилетал

05. Сегодня Андрей очень рано ____ на работу.
    (А) вошёл
    (Б) пришёл
    (В) зашёл

06. Мы провожали Сергея, но из-за плохой погоды он не ____.
    (А) долетел
    (Б) прилетел
    (В) улетел

07. Анна только что ____ из магазина.
    (А) перешла
    (Б) отошла
    (В) вышла

08. Папа, а что ты ____ нам из Лондона?
    (А) отвёз
    (Б) перевёз
    (В) привёз

09. Маша, мы собираемся на стадион, ____ с нами?
    (А) пойдём
    (Б) ходим
    (В) сходим
    (Г) сходить

10. Раньше мы с сестрой много ____ по стране.
    (А) ездили
    (Б) ехали

11. Марина медленно ____ к столу и взяла записку.
    (А) подошла
    (Б) пришла
    (В) отошла

12. Андрей открыл дверь и ____ в комнату.

    (А) подошёл

    (Б) вышел

    (В) пришёл

    (Г) вошёл

13. По дороге домой мы ____ к другу.

    (А) заехали

    (Б) переехали

    (В) уехали

    (Г) поехали

14. Сегодня Виктор ____ раньше всех.

    (А) пришёл

    (Б) приходил

15. ____, пожалуйста, ещё один салат!

    (А) Приносите

    (Б) Принесите

16. Татьяна сказала, что её дети хорошо ____.

    (А) плывут

    (Б) плавают

17. Иван в командировке и ещё не ____.

    (А) прилетит

    (Б) прилетал

    (В) прилетел

18. Девочка испугалась и ____.

    (А) добежала

    (Б) убежала

    (В) прибежала

19. В прошлом году Ирина несколько раз ____ с квартиры на квартиру.

    (А) переезжать

    (Б) переехать

    (В) переезжала

    (Г) переехала

20. Володя часто ____ мимо киоска и не замечал его.

    (А) проходил

    (Б) пройдёт

    (В) прошел

1 형동사의 정의 및 용법

'형용사+동사'의 줄임말입니다. 따라서 형동사 안에는 명사를 수식하는 형용사의 특성과 문장에서 술어로 쓰이는 동사의 특성이 모두 들어가 있습니다. 또한 동사의 특성으로 동사의 상과 각각의 동사들이 요구하는 다양한 격과 시제 등을 들 수 있습니다.

형동사는 주로 신문, 잡지, 다양한 문학 서적 등 문어체에 주로 쓰이고, 구어체에서는 잘 쓰이지 않습니다.

2 형동사의 종류

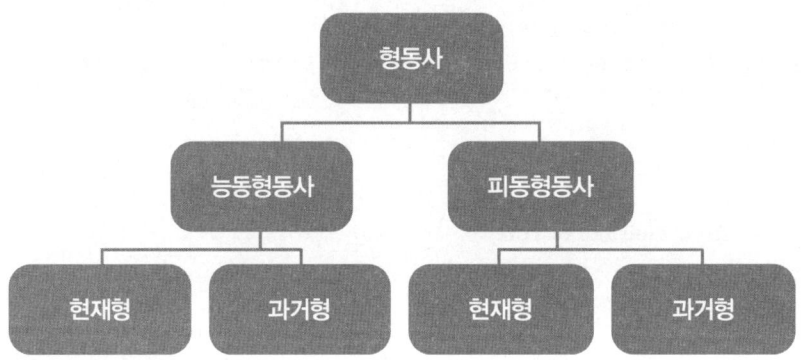

❶ 능동형동사 현재형 : '~하는', '~하고 있는'

1. 능동형동사 현재형 만드는 법

형동사의 현재형은 반드시 불완료상 동사로만 만들 수 있습니다. 능동형동사 현재형은 아래와 같이 만들어집니다.

1식 동사의 경우	они читают → читаю → читаю-ЩИЙ 읽고 있는 они думают → думаю → думаю-ЩИЙ 생각 중인 они работают → работаю → работаю-ЩИЙ 업무 중인 они покупают → покупаю → покупаю-ЩИЙ 구매 중인 они изучают → изучаю → изучаю-ЩИЙ 연구 중인 они живут → живу → живу-ЩИЙ 살고 있는 они пишут → пишу → пишу-ЩИЙ 쓰는 중인	-ЩИЙ -ЩАЯ -ЩЕЕ -ЩИЕ

2식 동사의 경우	они смотрят → смотря → смотря-ЩИЙ 보고 있는 они говорят → говоря → говоря-ЩИЙ 말하고 있는 они курят → куря → куря-ЩИЙ 흡연 중인 они слышат → слыша → слыша-ЩИЙ 들리는 они любят → любя → любя-ЩИЙ 사랑하고 있는 они видят → видя → видя-ЩИЙ 보이는	-ЩИЙ -ЩАЯ -ЩЕЕ -ЩИЕ
-СЯ 동사	они занимаются → занимаюЩИЙСЯ 공부 중인 они встречаются → встречаюЩИЙСЯ 만나고 있는 они трудятся → трудяЩИЙСЯ 노력 중인 они учатся → учаЩИЙСЯ 공부 중인 они находятся → находяЩИЙСЯ... 위치하고 있는 -СЯ 동사도 위와 같으며, 다만 끝에 -СЯ를 더 붙여주면 됩니다.	-ЩИЙСЯ -ЩАЯСЯ -ЩЕЕСЯ -ЩИЕСЯ

2. 능동형동사 현재형 구별법

끝이 -щий, -щая, -щее, -щие, -щийся, -щаяся, -щееся, -щиеся인 단어를 보시면, 형동사일 가능성이 있습니다. 이 단어에서 끝부분 즉, -щий, -щая, ...등을 떼어 냈을 때 여러분이 아는 동사의 모습이 보인다면 형동사입니다.

3. 능동형동사 현재형 해석

'~하는', '하고 있는'이라고 해석합니다.

[예] читающий 읽고 있는 (←읽다)

　　　отдыхающий 쉬고 있는 (←쉬다)

　　　видящий 보이는 (←보이다)

　　　занимающийся 공부하고 있는 (←공부하다)

4. 능동형동사 현재형 격변화

능동형동사 현재형은 -ший로 끝나는 형용사와 동일하게 격변화합니다.

주격 хороший друг	주격 работающий профессор
좋은 친구	업무 중인 교수님
생격 хорошего друга	생격 работающего профессора
여격 хорошему другу	여격 работающему профессору
대격 хорошего друга	대격 работающего профессора
조격 хорошим другом	조격 работающим профессором
전치격 о хорошем друге	전치격 о работающем профессоре

5. 문장 속 위치

① 형동사가 단독으로 명사를 수식하는 경우는 명사의 앞에 옵니다.

(1) Влюблённые любовались **заходящим** солнцем.

(2) На берегу моря мы увидели **загорающих** девушек.

(3) Сергей с интересом смотрел на **играющих** щенков.

② 형동사 구문은 수식하는 명사 뒤, 문장 끝에 올 수 있습니다.

(4) В парке Иван увидел детей, **играющих в мяч.**

(5) Мне часто звонит подруга, **живущая в Сеуле.**

(6) Саша не любил кофе, но зато очень любил сидеть с мамой, папой, братом и сестрой перед огнём, **горящим в камине.**

(7) Мы ходили в гости к профессору, **работающему в нашем университете.**

(8) Школьники подошли к группе туристов, **фотографирующихся около Русского музея.**

(9) Некоторые не любят, когда им делают замечания люди, **знающие больше, чем они сами.**

(10) Бабушка сидит на скамейке в парке недалеко от ребёнка, **играющего в мяч.**

(11) Из окна был виден Сеул, **напоминающий** украшенную огнями **рождественскую ёлку.**

③ 형동사 구문은 수식하는 명사 뒤, 문장 가운데에 올 수 있습니다.

(12) Люди, **регулярно занимающиеся спортом,** редко болеют.

(13) Людей, **родившихся и живущих в одно время,** называют поколением.

(14) У человека, **умеющего дружить,** всегда много приятелей.

④ 형동사 구문은 수식하는 명사 앞에 올 수 있습니다.

(15) В парке Иван увидел **играющих в мяч** детей.

(16) **Едущие в одном вагоне** пассажиры поезда быстро перезнакомились.

6. 관계대명사 который절로의 전환

형동사 구문은 관계대명사 который절로 전환할 수 있습니다. 이때 который는 주격으로, который절의 시제는 현재시제를 써야 합니다.

(17) Мы ходили в гости к профессору, **работающему** в нашем университете.
→ Мы ходили в гости к профессору, **который работает** в нашем университете.
＊주의! 동사나 시제가 일치하지 않는 경우도 있습니다.

(18) На берегу моря мы увидели **загорающих** девушек.
→ На берегу моря мы увидели девушек, **которые загорали.**

(19) Влюблённые любовались **заходящим** солнцем.
→ Влюблённые любовались солнцем, **которое садилось.**

❷ 능동형동사 과거형 '~하고 있었던, ~했던, 다 ~한'

1. 능동형동사 과거형 만드는 법

			-ВШИЙ
1식 동사	불완료상	Он писал → писа-ВШИЙ 집필 중이던 Он делал → дела-ВШИЙ 하고 있던 Он работал → работа-ВШИЙ 일했던 Он изучал → изуча-ВШИЙ 연구했던 Он разговоривал → разговарива-ВШИЙ 대화 중이던 Он показывал → показыва-ВШИЙ 보여 줬던	

형동사 119

1식 동사	완료상	Он сделал → сдела-ВШИЙ 다 완료한 Он прочитал → прочита-ВШИЙ 다 읽은 Он продал → прода-ВШИЙ 판매를 끝낸 Он сдал → сда-ВШИЙ (시험을) 다 본	-ВШИЙ
2식 동사	불완료상	Он смотрел → смотре-ВШИЙ 봤던 Он курил → кури-ВШИЙ 담배를 피웠던 Он видел → виде-ВШИЙ 보았던	
	완료상	Он купил → купи-ВШИЙ 구매한 Он поздравил → поздрави-ВШИЙ 축하한 Он исполнил → исполни-ВШИЙ 연주를 끝낸 Он выучил → выучи-ВШИЙ 다 외운	
-ся동사		Он занимался → занима-ВШИЙСЯ 공부했던 Он учился → учи-ВШИЙСЯ (학교) 다녔던 Он сломался → слома-ВШИЙСЯ 고장난 Он трудился → труди-ВШИЙСЯ 노력했던 Он улыбался → улыба-ВШИЙСЯ 미소지었던 Он начался → нача-ВШИЙСЯ 시작된	-ВШИЙСЯ -ВШАЯСЯ -ВШЕЕСЯ -ВШИЕСЯ
과거형이 -л외의 다른 자음으로 끝나는 경우는 그 뒤에 -ШИЙ만 붙이면 됩니다.		Он нёс (нести) → нёс-ШИЙ 갖고 갔었던 Он спас(спасти) → спас-ШИЙ 구해 준 Он рос(расти) → рос-ШИЙ 자랐던 Он берёг(беречь) → берёг-ШИЙ 아끼던 주목! Он шёл(идти) → шед-ШИЙ 가고 있던 Он пришёл(прийти)→пришед-ШИЙ 도착한 Он нашёл(найти) → нашед-ШИЙ 발견한	-ШИЙ

2. 능동형동사 과거형 구별법

능동형동사 과거형은 -(в)ший로 끝납니다. 따라서 -ший로 끝나는 단어의 끝에 있는 -вший, -ший를 떼어냈을 때, 특정 동사의 과거형이 연상된다면 형동사의 과거형입니다.

비교 하세요! 능동형동사 현재형은 끝이 -щий로 끝나는 점을 명심하세요!
пишу**щий** 쓰고 있는 (능동 현재) писа**вший** 쓰고 있던 (능동 과거)

3. 능동형동사 과거형 해석

불완료상 동사로 만든 능동형동사 과거형이라면 '~하고 있던, ~했던'이라고 해석이 되며, 완료상 동사로 만든 능동형동사 과거형이라면 '다 ~한'이라고 해석이 됩니다.

писавший 쓰고 있던

занимавшийся 공부하고 있던

работавший 일하고 있던, 일했던

росший 자란

берёгший 아끼던

родившийся 태어난

4. 능동형동사 과거형 격변화

능동형동사 과거형은 끝이 -ший로 끝나기 때문에, 형용사 хороший와 동일하게 격변화합니다.

 비교 하세요!

주격 хороший человек	주격 написавший писатель
좋은 사람	(~책을) 쓴 작가
생격 хорошего человека	생격 написавшего писателя
여격 хорошему человеку	여격 написавшему писателю
대격 хорошего человека	대격 написавшего писателя
조격 хорошим человеком	조격 написавшим писателем
전치격 о хорошем человеке	전치격 о написавшем писателе

5. 문장 속 위치

① 형동사가 단독으로 명사를 수식하는 경우에는 수식하는 명사 앞에 옵니다.

(20) Анна подняла **упавший** словарь с пола.

(21) Дети не смогли пойти в парк из-за **начавшегося** дождя.

② 형동사 구문은 자주 형동사에 의해 수식받는 명사의 뒤에 옵니다.

(22) Таня была знакома с женщиной, **продававшей на улице весенние цветы.**

(23) Татьяна пожаловалась врачу на горло, **болевшего уже неделю.**

(24) Зрителям особо запомнился певец, **выступавший во втором отделении концерта.**

(25) Атлантида — это мистический континент, **потерявшийся в глубинах океана.**

③ 형동사 구문은 수식하는 명사 뒤, 문장 가운데에 올 수 있습니다.

(26) Их отец, **пропавший без вести на войне,** по профессии был математиком.

(27) Художник, **написавший эту картину,** умер недавно.

(28) Её деду, **родившемуся в 1924 году,** сейчас очень много лет.

④ 형동사 구문은 수식하는 명사 앞에 올 수 있습니다.

(29) **Появившийся на экране** человек был похож на Чарли Чаплина.

(30) **Написавший мне письмо** друг живёт далеко на севере.

(31) Человек, **переводивший вашу книгу на английский,** внезапно уволился.

6. 관계대명사 который 절로의 전환

형동사나 형동사 구문은 관계대명사 который절로 전환할 수 있습니다. 이때, который는 주격이며, 시제는 과거입니다.

(32) Таня подошла к женщине, **продававшей** весенние цветы.
→ Таня подошла к женщине, **которая продавала** весенние цветы.

(33) Их отец, **пропавший** без вести на войне, по профессии был математиком.
→ Их отец, **который пропал** без вести на войне, по профессии был математиком.

❸ 피동형동사 현재형 : '~되고 있는, ~되는'

피동형동사는 반드시 '타동사'로 만들어집니다. 러시아어에서 타동사란 전치사 없이 대격을 목적어로 갖는 동사들을 가리킵니다. (писать, делать, строить, слушать, смотреть, ...)

1. 피동형동사 현재형 만드는 법

1식 동사	Мы решаем → решаемЫЙ 해결되고 있는 Мы повторяем → повторяемЫЙ 반복되는 Мы охраняем → охраняемЫЙ 보호되는, 지켜지는 Мы проверяем → проверяемЫЙ 검토되는, 검사되는 Мы изучаем → изучаемЫЙ 연구되는 Мы обсуждаем → обсуждаемЫЙ 논의되는 Мы читаем → читаемЫЙ 읽히는	-ЫЙ -АЯ -ОЕ -ЫЕ
2식 동사	Мы производим → производимЫЙ 생산되는 Мы переводим → переводимЫЙ 번역되는 Мы любим → любимЫЙ 사랑받는	
예외들	✱ -авать 로 끝나는 동사는 원형에서 -ть를 떼어내고 피동형을 만듭니다. давать → дава-ЕМЫЙ 주어지는 продавать → продава-ЕМЫЙ 판매되는 узнавать → узнава-ЕМЫЙ 알게 되는	

2. 피동형동사 현재형 구별법

피동형동사 현재형의 어미가 -ЫЙ이고, 상당수의 형용사도 어미가 -ЫЙ입니다. 어미 -ЫЙ를 떼어 냈을 때, 동사를 연상시킨다면 형동사입니다.

3. 피동형동사 현재형 해석

주로 '~되는', '~되고 있는'으로 해석이 됩니다.

[예]

получаемый 획득되는

изучаемый 공부되는

решаемый 해결되는

производимый 생산 중인, 생산되고 있는

4. 피동형동사 현재형 격변화

피동형동사 현재형은 -ый로 끝나므로, -ый로 끝나는 형용사와 동일하게 격변화합니다.

주격	новый журнал 새 잡지	주격	изучаемый язык 공부되는 언어
생격	нового журнала	생격	изучаемого языка
여격	новому журналу	여격	изучаемому языку
대격	новый журнал	대격	изучаемый язык
조격	новым журналом	조격	изучаемым языком
전치격	о новом журнале	전치격	об изучаемом языке

5. 피동 구문에서 행위의 주체 표현

피동구문에서는 대상을 주격으로, 행위자는 조격으로 표현합니다.

(34) Школьникам совсем не нравится язык, **изучаемый ими в школе.**

(35) Мобильные телефоны, **производимые фирмой «Самсунг»**, пользуются большой популярностью.

(36) Фантастика и приключения — самые **читаемые школьниками книги.**

(37) Имейте в виду, что в **переводимых нами** статьях встречается много формул.

6. 문장 속 위치 : 형동사 단독으로 쓰이기보다는 형동사 구문이 자주 쓰입니다.

① 수식하는 명사 앞에 올 수 있습니다.

(38) Яблоки — самые **продаваемые** фрукты в нашем магазине.

(39) Все **решаемые на подготовительных курсах** задачи по математике встречались на вступительных экзаменах.

(40) **Обсуждаемые на этой конференции** проблемы играют большую роль в развитии медицины.

(41) **Сдаваемая старухой** комната оказалась очень маленькой.

(42) **Исполняемые этой певицей** романсы производят на меня большое впечатление.

② 형동사가 단독으로 명사를 수식하는 경우에는 명사 앞에 옵니다. (형용사화된 경우)

(43) **Уважаемые** дамы и господа!

(44) Здравствуй, мой **любимый!**

③ 수식하는 명사의 뒤, 문장의 가운데에 들어갈 수 있습니다.

(45) Из всех языков, **изучаемых в университете,** студенты чаще выбирают японский.

(46) Из всех предметов, **изучаемых в школе,** самым трудным, по моему мнению, является физика.

(47) Письма, **присылаемые вами,** всегда приносят радость и надежду.

④ 수식하는 명사의 뒤, 문장의 끝에 오는 경우가 있습니다.

(48) В статье речь шла о новых театрах, **создаваемых в моём родном городе.**

(49) Мне бы очень хотелось познакомиться с парнем, **встречаемым мною каждый день по дороге в институт.**

7. 형동사의 용어화

(50) Это **растворимый кофе?**

8. 관계대명사 который절로의 전환

관계대명사절로 고칠 경우, 관계대명사 который는 대격으로, 형동사 구문에 쓰인 조격은 주격으로, 시제는 현재시제로 해야 합니다.

(51) Мне бы очень хотелось познакомиться с парнем, **встречаемым мною** каждый день по дороге в институт.
→ Мне бы очень хотелось познакомиться с парнем, **которого я встречаю** каждый день по дороге в институт.

(52) **Сдаваемая старухой** комната оказалась очень маленькой.
→ Комната, **которую сдаёт старуха,** оказалась очень маленькой.

(53) **Исполняемые этой певицей** романсы производят на меня большое впечатление.
→ Романсы, **которые исполняет эта певица**, производят на меня большое впечатление.

❹ 피동형동사 과거형 : '다 ~된'

피동형동사 과거형은 완료상 동사로 주로 만듭니다.

1. 피동형동사 과거형 만드는 법

1식 동사	он прочитал → прочита-ННЫЙ 다 읽힌 он написал → написа-ННЫЙ 다 쓰여진 он сделал → сдела-ННЫЙ 다 끝난 он продал → прода-ННЫЙ (이미) 팔린	-ЫЙ -АЯ -ОЕ -ЫЕ
2식 동사	он получил → получ-Е-ННЫЙ 획득된 он построил → постро-Е-ННЫЙ 완공된 он рассмотрел → рассмотр-Е-ННЫЙ 꼼꼼하게 검토된 он разрушил → разруш-Е-ННЫЙ 파괴된 он подарил → подар-Е-ННЫЙ 선물로 준 он выучил → выуч-Е-ННЫЙ 다 외워진 * 일부 동사들은 과거형이 아닌 미래시제 1인칭 단수형의 어간을 기초로 만들어지기도 합니다. я куплю → купл-Е-ННЫЙ 구입된 я исправлю → исправл-Е-ННЫЙ 정정된 я подготовлю → подготовл-Е-ННЫЙ 준비된 я приглашу → приглаш-Ё-ННЫЙ 초대된* я встречу → встреч-Е-ННЫЙ 만나진 я испорчу → испорч-Е-ННЫЙ 상한	
피동형동사가 -тый로 끝나는 일부 동사들	забыть → забыТЫЙ 잊혀진 открыть → открыТЫЙ 열려 있는 взять → взяТЫЙ 빌려진 убить → убиТЫЙ 살해된	

* Я приглашу, ты пригласишь, он пригласит, мы пригласим, вы пригласите, они пригласят 처럼 강세가 모두 어미에 오는 경우는 피동형동사가 -Ё-ННЫЙ로 사이에 Ё가 들어갑니다.

2. 피동형동사 과거형 구별법

피동형동사는 다른 형동사들과 달리, 예외적인 형태가 많기 때문에 최대한 많은 피동형동사를 접해 보고 익숙해지는 것이 유일하고도 가장 든든한 구별법이라 하겠습니다.

3. 피동형동사 과거형 해석

주로 완료상 동사들로 만들기 때문에 '다 ~된'으로 해석이 됩니다.

написанный роман 다 쓰여진 장편소설

прочитанный рассказ 다 읽혀진 단편소설

построенное здание 다 지어진 건물

убитый мужчина 살해된 남성

4. 단어미형과 장어미형

피동형동사 과거형은 다른 형동사들과 달리 장어미형과 단어미형, 두 가지 형태를 갖고 있습니다.

장어미형 : 명사를 수식합니다.	단어미형 : 문장에서 서술어로 쓰입니다.
Фильм, поставленный по рассказу Чехова, публика приняла с восторгом. 체홉의 단편을 원작으로 한 영화는 사람들에게 호응이 아주 좋았다.	Фильм поставлен по рассказу Чехова. 체홉의 단편을 원작으로 영화가 제작되었다.

[단어미형 예문]

(54) Эта картина **создана** великим русским художником.

(55) Эта ночь прямо **создана** для романтических прогулок под луной!

(56) Настя очень хотела узнать, где в квартире **спрятан** новогодний подарок для неё.

(57) Стоял ясный весенний вечер, окна были **открыты.**

5. 피동형동사 과거형 격변화

격변화는 -ый로 끝나는 형용사와 동일합니다.

재미있는 장편소설	다 쓰여진 단편 소설
интересный роман	написанный роман
интересного романа	написанного романа
интересному роману	написанному роману
интересный роман	написанный роман
интересным романом	написанным романом
об интересном романе	о написанном романе

6. 문장 속 위치

① 수식하는 명사 앞에 올 수 있습니다.

(58) Все **изученные вами** темы будут на экзамене.

(59) **Подготовленный вами** доклад был отличным.

(60) В гостиницу вошли **утомлённые дальней дорогой** туристы.

② 수식하는 명사 뒤에 올 수 있습니다.

(61) Это игрушки, **сделанные школьниками.**

(62) Мы с мужем живём в доме, **построенном в начале 20 века.**

(63) В комнате вкусно пахло хлебом, **принесённым женой из магазина.**

③ 수식하는 명사의 뒤, 문장 가운데 올 수 있습니다.

(64) Экскурсия, **организованная туристической компанией,** была замечательной.

(65) Все вещи, **сшитые в этом ателье,** практичны и удобны.

(66) В этой квартире много вещей, **сделанных руками хозяина.**

(67) Овощи и фрукты, **выращенные на юге страны**, можно купить на рынке.

7. 관계대명사절로 전환할 경우, 관계대명사 который는 대격으로, 형동사 구문에 쓰인 조격은 주격으로, 시제는 과거로 해야 합니다.

(68) В этой квартире много вещей, **сделанных руками хозяина.**
→ В этой квартире много вещей, **которые хозяин сделал своими руками.**

(69) **Подготовленный вами** доклад был отличным.
→ Доклад, **который вы подготовили,** был отличным.

(70) В комнате вкусно пахло хлебом, **принесённым женой из магазина.**
→ В комнате вкусно пахло хлебом, **который жена принесла из магазина.**

1 부동사의 정의 및 용법

부동사란, '부사'와 '동사'의 합성어로서, 용어에서 추측할 수 있듯이 부사적 특성과 동사적 특성을 모두 갖춘 동사의 한 형태입니다. 부사처럼 동사를 수식하고, 동사처럼 상에 따른 의미 변화가 있으며, 뒤따르는 격(동사의 격지배)이 다양합니다.

구어체보다는 신문, 잡지 등의 문어체에 주로 쓰입니다.

2 부동사의 종류

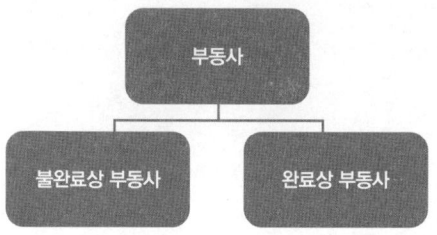

❶ 불완료상 부동사 만드는 법

1식 동사	1. они 형태로 변화시킨 후에, 어미를 떼고 -я를 붙입니다.	они читают → чита-я 읽으면서 они слушают → слуша-я 들으면서 они делают → дела-я 하면서 они отдыхают → отдыха-я 쉬면서 они разговаривают → разговари-ва-я 대화를 하면서	-А/-Я
	2. -авать로 끝나는 경우, 원형에서 -ть를 떼고 -я를 붙입니다.	давать → дава-я 주면서 сдавать → сдава-я 제출하면서 узнавать → узнава-я 알아내면서 вставать → встава-я 일어나면서	

2식 동사	они 형태로 변화시킨 후에 т를 떼어 냅니다.	они говорят → говор-Я 말하면서 они смотрят → смотр-Я 보면서 они переводят → перевод-Я 번역하면서 они любят → люб-Я 사랑하면서 они ненавидят → ненавид-Я 미워하면서 они видят → видЯ 보면서	-А/-Я
-ся동사	они 형태로 변화시킨 후에 어미를 떼고 -(я)сь를 붙입니다.	они занимаются → занима-ЯСЬ 공부하면서 они здороваются → здорова-ЯСЬ 인사하면서 они спускаются → спуска-ЯСЬ 내려가면서 они ложатся → ложа-СЬ 누우면서	-АСЬ/-ЯСЬ

＊писать (글을)쓰다, беречь 아끼다, петь 노래하다, бежать 뛰어가다, …등의 동사로는 부동사를 만들 수 없습니다.

[예문]

(1) Ирина, **не желая портить себе настроение,** перестала обращать внимание на громкую музыку и продолжала работать.

(2) **Между нами говоря,** у меня нет ни малейшего желания учиться.

(3) **Держа в руках маленькую бутылочку с соской,** в комнату вошла няня.

(4) **Плача,** Ваня рассказал отцу, как он поранил палец.

(5) Я **молча** сидел у окна и наслаждался тишиной.

(6) **Не переставая жевать яблоко,** Никита оделся и вышел во двор.

(7) Ольга собиралась, **со страхом думая о предстоящей встрече со школьными подругами.**

(8) Женщина кричала, **громко требуя,** чтобы вернули её вещи.

❷ **완료상 부동사 만드는 법**

1, 2식 동사	동사의 과거 시제를 만든 후에 끝에 있는 -л을 떼고, -в를 붙입니다.	он прочитал → прочита-в 다 읽은 후에 он сделал → сдела-в 다 만든 후에 он заработал → заработа-в 돈을 번 후에 он создал → созда-в 창설한 후에 он увидел → увиде-в 발견하고서 он защитил → защити-в 보호하고서 он открыл → откры-в 열고서	-в /-я
	운동동사들은 미래형에 -я를 붙입니다.	прийти → придя(прид-у) 도착하고서 пройти → пройдя(пройд-у) 지나가고서 выйти → выйдя(выйд-у) 나온 후에 унести → унеся(унес-у) 갖고 가버린 후에 перевести → переведя(перевед-у) 번역한 후에	
-ся동사	동사의 과거 시제를 만든 후에, 어미를 떼고, -вшись를 붙입니다.	он поздоровался → поздорова-ВШИСЬ 인사하고서 он проснулся → просну-ВШИСЬ 잠에서 깬 후에 он спустился → спусти-ВШИСЬ 내려간 후에 он встретился → встрети-ВШИСЬ 만난 후에	-ВШИСЬ

[예문]

(9) **Попав впервые в Стамбул,** Ольга была ошеломлена красотой города.

(10) Ирина следила за рассказом Петра о Москве, **широко открыв глаза от удивления.**

(11) **Обнаружив в почтовом ящике письмо от друга,** Сергей обрадовался.

(12) **Потерпев неудачу на первых соревнованиях,** я не утратил веру в себя и упорно продолжал тренироваться.

(13) **Услышав тревогу в голосе хозяина,** собака насторожилась.

(14) **Не пройдя и километра,** я понял, что новые кроссовки натирают ноги.

(15) **Найдя в кармане ключи от квартиры,** Виктор успокоился.

(16) **Вернувшись вечером домой,** первым делом я заварил себе свежего чаю.

(17) **Вернувшись домой с карманами, набитыми сладостями,** дети наперебой рассказывали родителям, как провели каникулы у бабушки.

(18) **Наевшись вдоволь,** щенок лёг на своё место у двери.

❸ 부동사 구문 해석 방법

부동사가 포함된 문장의 경우, 부동사는 '~하면서, ~이기 때문에, 비록 ~일지라도' 등으로 해석합니다. 따라서 부동사 구문은 다양한 접속사가 들어간 절로 전환이 가능합니다.

[예문]

(19) Ирина, **не желая портить себе настроение,** перестала обращать внимание на громкую музыку и продолжала работать.

→ **Так как Ирина не желала портить себе настроение,** она перестала обращать внимание на громкую музыку и продолжала работать.

(20) **Обнаружив в почтовом ящике письмо от друга,** Сергей обрадовался.

→ Сергей обрадовался, **когда обнаружил в почтовом ящике письмо от друга.**

(21) **Попав впервые в Стамбул,** Ольга была ошеломлена красотой города.

→ Ольга была ошеломлена красотой города, **когда впервые попала в Стамбул.**

(22) **Вернувшись домой с карманами, набитыми сладостями,** дети наперебой рассказывали родителям, как провели каникулы у бабушки.

→ Дети наперебой рассказывали, как провели каникулы у бабушки, **когда вернулись домой с карманами, набитыми сладостями.**

〔실전대비 문제〕

01. Этот номер журнала ____ изучению корейского языка за рубежом.
    (А) посвящено
    (Б) посвящена
    (В) посвящён

02. Роман, ____ в те годы, принёс автору огромную популярность.
    (А) написан
    (Б) написанный
    (В) написавший

03. Малыш заплакал, ____ резкого звука.
    (А) испугавшись
    (Б) пугающийся
    (В) испугавшийся

04. Ирина только один раз посмотрела в словарь, ____ текст.
    (А) переводя
    (Б) переведя
    (В) переводившая

05. Мы не можем ей отправить даже открытку: ____, она не сообщила свой новый адрес.
    (А) уезжая
    (Б) уехавший
    (В) уезжающий

06. К нам пришёл друг, ____.
    (А) занимающийся спортом
    (Б) занимающегося спортом
    (В) занимаясь

07. Спросите об этом девушку, ____ молочные продукты.
    (А) продающая
    (Б) продающую
    (В) продающей

08. Мы беседовали с человеком, ____ каждый год.
    (А) путешествующего
    (Б) путешествующий
    (В) путешествующим

09. Вчера родители ходили к друзьям, ____ классической музыкой.
    (А) увлекающийся
    (Б) увлекающегося
    (В) увлекающимися
    (Г) увлекающимся

10. Мы не знакомы с людьми, ____ на этом этаже.
    (А) живущий
    (Б) живущими
    (В) живущим
    (Г) живущем

11. Татьяне пришлось вернуть билеты на самолёт, ____ на этой неделе.

    (А) купленные

    (Б) покупаемые

    (В) купившие

12. Друзья, ____ домой из России, показали нам фотографии.

    (А) возвращающиеся

    (Б) вернувшиеся

    (В) возвращавшиеся

13. Письмо, ____ мной вчера, придёт в Суздаль через 3 дня.

    (А) отправленное

    (Б) отправляющее

    (В) отправлявшее

14. Выставка ____ до конца следующего месяца.

    (А) открытая

    (Б) будет открыта

    (В) была открыта

15. Этот роман ____ на русский язык в 2005 году.

    (А) переведённый

    (Б) был переведён

    (В) будет переведён

16. Романы, ____ Ф. М. Достоевским, были переведены на многие языки.

    (А) были написаны

    (Б) написанные

    (В) написаны

17. Анна принесла гостям салат, ____ мужем.

    (А) приготовивший

    (Б) приготовленный

    (В) приготовив

18. Этот вопрос уже ____.

    (А) решённый

    (Б) решён

19. В 1863 году Нобелем ____ динамит.

    (А) была изобретена

    (Б) были изобретены

    (В) был изобретён

20. ____ на вопросы журналистов, режиссёр рассказывал о своей жизни.

    (А) Отвечая

    (Б) Ответив

제3부
문장의 종류

I. 단문
II. 복문

I 단문

단문이란 문장에서 중요한 주어와 서술어가 하나씩 있는 문장을 뜻합니다. 러시아어에서 문장은 나누는 기준에 따라서 몇 가지 종류가 있습니다.

1 목적에 따른 문장의 종류

문장은 그 목적에 따라서 평서문, 의문문, 명령문, 감탄문으로 나뉩니다.

❶ 평서문

마침표로 끝나는 문장입니다. 사실이나 사건을 객관적으로 전달하는 문장입니다.

(1) Я читаю журнал.

(2) Моя младшая дочь прекрасно учится в школе.

(3) В университет пришёл новый преподаватель испанского языка.

(4) У моей подруги родился сын.

(5) В этом здании находится спортивная школа.

(6) Переход от горя к счастью у неё мгновенный.

❷ 의문문

다양한 질문이 여기에 속하며, 물음표로 마무리합니다.

(7) Ты читаешь журнал?

(8) Как вы себя чувствуете?

(9) На что вы жалуетесь?

(10) У вас есть водительские права?

(11) Вы занимаетесь спортом?

(12) Что вы сейчас делаете?

(13) Ваша жена хорошо готовит?

(14) Что нового?

(15) Как у тебя дела? Всё в порядке?

(16) Что с тобой? Почему у тебя глаза красные?

(17) Где вы родились?

(18) Где живут ваши родители?

(19) Кем работает ваш отец?

(20) Кого ты больше любишь, маму или папу?

❸ 명령문

명령, 요구, 요청 등을 할 때 쓰는 문장입니다.

(21) Читай журнал!

(22) Ожидай меня примерно к девяти.

(23) - У тебя жар? －спросил отец.
　　 - Ещё бы! Потрогай мой лоб.

(24) Угадай, кто лучший в мире шутник?

(25) Будьте добры, подайте мне кусок хлеба.

❹ 감탄문

다양한 감탄, 놀람을 나타냅니다.

(26) Вот это да!

(27) Как я люблю тебя, мамочка!

(28) Какое неприятное чувство － голод!

❷ 주요 문장 성분의 유무에 따른 문장의 종류

주요 문장 성분의 유무에 따라 문장은 일원문과 이원문으로 나뉩니다. '이원문'이란 문장의 주요 성분인 주어와 서술어를 모두 갖춘 문장을 뜻하며, '일원문'이란 주어나 서술어 중 하나만 있는 문장을 뜻합니다.

❶ 이원문

(29) Анна приходила сегодня?

(30) Мой брат живёт в Сеуле.

❷ 일원문

일원문은 인칭문, 무인칭문, 불특정 인칭문, 보편 인칭문, 명명문으로 나뉩니다.

1. 인칭문

서술어만 있는 문장입니다. 이때, 동사는 1, 2인칭 단수형, 때로는 2인칭 복수형, 드물긴 하지만 1인칭 복수형이 사용되기도 합니다.

(31) Люблю грозу в начале мая…

(32) Выйду, сяду под берёзой, буду слушать соловья.

(33) Не жалею, не зову, не плачу, Все пройдет, как с белых яблонь дым.
    (С.Есенин)

(34) Что скажете, Иванов?

2. 무인칭문

무인칭문이란 서술어로 쓰인 동사가 행위의 주체와는 무관하게 '행위의 과정'이나 '상태'를 나타내는 문장입니다. 가장 전형적인 무인칭문은 자연현상에 관한, 즉, '날이 어두워진다', '춥다', '날이 밝아진다'와 같은 동사들이 사용된 예입니다.

(35) Рассветает.

(36) Вечереет.

날씨나 자연과 관련된 서술형 부사들이 쓰인 문장도 무인칭문에 속합니다.

(37) В комнате становится тихо.

(38) Морозило сильнее, чем с утра. *(Н.В.Гоголь)*

사람의 심리적인 상태를 나타내는 부사가 쓰인 문장도 무인칭문에 속합니다.

(39) Что же мне так больно и так трудно? *(М.Ю.Лермонтов)*

부재나 부족함을 나타내는 동사 не хватать가 쓰인 경우도 무인칭문에 속합니다.

(40) Мне не хватает нежности твоей, тебе моей заботы не хватает. *(С.Щипачев)*

(41) У меня не хватило мужества.

3. 불특정 인칭문

주어가 없이 술어로만 표현된 문장이며, 술어는 주로 현재나 미래시제에서는 3인칭 복수형으로, 과거시제에서는 복수형으로 표현됩니다. 불특정 인칭문에서는 행위의 주체보다 행위나 사건 자체에 중점을 둡니다. 즉, '누가 했는가'보다는 '어떤 일이 있었나(있는가)?'가 더 중요합니다.

(42) Маленьких детей кормят молоком.

(43) К завтраку подавали вкусные пирожки.

4. 보편 인칭문

주어 없이 서술어만 있는 문장이며, 서술어는 주로 동사의 2인칭 단수형(현재, 미래)으로 표현됩니다. 보편 인칭문은 특정 시간에 얽매이지 않고 보편적인 진실이나 사실을 나타내기 때문에 속담이나 격언에 많습니다.

(44) Слезами горю не поможешь.

(45) Без труда не вынешь и рыбку из пруда.

(46) Если любишь цветок- единственный, какого больше нет ни на одной планете, -этого довольно: смотришь на небо и ты счастлив.

(47) В лес дров не возят.

(48) Что имеем - не храним, потерявши - плачем.

(49) Не имей сто рублей, а имей сто друзей.

5. 명명문

주어만 있는 문장을 뜻합니다.

(50) Ну и погода!

지시하는 부사 '여기, 저기' 등이 들어가기도 합니다.

(51) Вон солнце, голубое небо... Воздух какой чистый. *(А.И.Куприн)*

(52) Вот и лес. Тень и тишина. *(И.С.Тургенев)*

II 복문

1 복문의 정의

단문이 2개 이상 연결된 문장을 복문이라고 합니다.

(53) Я думаю, что Николай прекрасно разбирается в литературе.

(54) Мой отец мечтает, чтобы его сыновья стали дипломатами.

(55) Я изучаю русский язык, потому что хочу работать в России.

(56) Мы с подругой обычно завтракаем в маленьком кафе, которое находится возле университета.

2 복문의 종류

문법적으로 대등한 두 개의 문장으로 연결된 복문(등위접속사 사용)과, 주절과 종속절을 연결하는 복문(종속접속사, 접속어 사용)이 있습니다. 이외에 관계대명사 **который** 절로 연결된 복문과 접속사가 없는 복문이 있습니다.

❶ 등위 접속문

등위접속사인 и, но, а로 연결된 복문이 이에 속합니다.

- и '그리고, ~와'

  ① 동일한 문장 성분 연결 (~와)

  (57) Старого доктора разбудило солнце **и** детский смех. - *С.Прокофьева «Приключения жёлтого чемоданчика»*

  (58) Глаза Татьяны сделались очень тёмными **и** несчастными.

  ② 동시성 ('~하면서')

  (59) Андрей ходил по комнате **и** о чём-то сосредоточенно думал.

  (60) Старуха сидела на скамейке **и** смотрела, как играют её внуки.

  (61) Мужчины сидели за праздничным столом **и** разговаривали.

③ 순차성 ('~한 후에')

(62) Лошадь подошла к ручью **и** долго пила, громко фыркая.

(63) Женщина обернулась **и** посмотрела мне прямо в глаза.

(64) Мужчина снял шапку **и** вошёл в церковь.

(65) Раздался звонок, старый доктор встал **и** вышел в переднюю открыть дверь.

(66) Вошёл молодой рабочий, поставил на пол свой чемоданчик **и** пожал доктору руку.

④ 결과 ('그래서')

(67) Учебник поступил в продажу, **и** теперь мы можем его купить.

(68) Таня потеряла расписание поездов **и** путешественникам пришлось звонить на вокзал.

(69) Дело в том, что я провалила вступительные экзамены в педагогический институт **и** теперь мне надо устраиваться куда-то на работу. - В. Токарева «Инструктор по плаванию»

무조건 외웁시다!

접속사 и가 들어간 구문

всё + 비교급 и 비교급 ('점점 ~하다')

Машина приближалась, становилась **всё больше и больше**, мы уже могли разглядеть, что это старая «Волга».
차가 가까이 다가오면서 점점 더 형체가 커졌고, 자세히 살펴본 결과 우리는 그게 낡은 '볼가'라는 것을 알 수 있었다.

Братья выросли и с возрастом стали **всё чаще и чаще** спорить друг с другом.
형제들은 성인이 되었고 나이를 먹으면 먹을수록 논쟁을 하는 일이 점점 더 잦아졌다.

и так (очень)…. '지금도 충분히 ~하다'

Некоторые люди ошибочно считают, что им незачем учиться, они **и так** всё умеют.
어떤 사람들은 자신의 능력을 과대평가하며 더 이상 배울 것이 없다는 착각을 한다.

- но '그러나'

    (70) Антон закончил свою работу и собирался уходить, **но** пришёл Юрий Петрович и задержал его.

    (71) Сначала друзья собирались пойти в кино, **но** потом раздумали.

    (72) Владимир начал засыпать, **но** чей-то громкий крик с улицы разбудил его.

    (73) Вечером ко мне придёт подруга, мы хотим посмотреть новый фильм, **но** боюсь, маленькая дочь помешает нам.

    (74) Маленький Серёжа упал и хотел заплакать, **но** к нему уже спешила мама.

    (75) Новенькая студентка мне очень нравится, она, правда, меня не замечает, **но** я добьюсь своего.

- а '그런데, 그런 한편'

    (76) Старуха осталась дома печь пироги, **а** старик отправился ловить рыбу.

    (77) Каждый день муж работал в поле, **а** жена дома хозяйничала. *«Как мужик хозяйничал» (Русская сказка)*

    (78) Я встречу брата, отвезу его к тёте Гале, **а** вечером позвоню тебе.

❷ 종속접속사 что, чтобы가 들어간 종속 접속문

- что

    : 기정 사실, 소식, 정보를 전달하는 문장에 쓰이며, 영어의 that에 해당하는 접속사입니다. 해석은 '～라고, ～라는'이라고 합니다.

    (79) Учитель сказал, **что** завтра мы идём на экскурсию.

    (80) Максим узнал, **что** поезд прибывает в 8 часов вечера.

    (81) Я думаю, **что** ты права.

    (82) Оказывается, **что** они знакомы уже 10 лет.

    (83) Антон понял, **что** необходимо изменить свою жизнь.

    (84) Мне кажется, **что** я никогда не выучу этот трудный язык!

    (85) Таня вошла в комнату и сказала, **что** пришёл Сергей.

    (86) Мама полагает, **что** самые страшные трудности в жизни — это голод и холод. Голод и холод — неудобства. А трудности - это совсем другое.

(87) Мне иногда кажется, **что** мама никогда не была молодой, никогда не было войны, о которой она рассказывала, никогда не жил Чарльз Диккенс- всё началось с того часа, когда я появилась на свет.

(88) Видно было, **что** ей очень тяжело.

(89) Я почувствовала, **что** не в силах переключить его внимание с блондинки на себя.

- что가 이유('~라서')를 의미할 수도 있습니다.

Я счастлива, **что** провалилась в педагогический. Я больше не буду туда поступать.

교대 입학시험에 떨어져서 나는 행복하다. 난 더 이상 그 학교에 응시하지 않을 것이다.
— 빅또리아 또까레바의 «수영 강사»

Дети радовались, **что** скоро наступит Рождество.

아이들은 크리스마스가 얼마 남지 않은 사실에 기뻐했다.

- чтобы

: хотеть(원하다), мечтать(꿈꾸다), желать(바라다), просить(부탁하다) 등의 동사와 쓰이는 경우 чтобы는 '~이기를, ~하라고, 해 달라고'로 해석되며, надо(~해야 한다), нужно(필요하다), необходимо(불가피하다) 뒤에 чтобы가 오는 경우에는 별다른 의미가 없습니다.

(90) - Мне совершенно не хочется обнимать эту собаку! — сказала Ирина.
 - А она хочет, **чтобы** ты её обнимала? — уточнил Гриша.

(91) Роза не хотела, **чтобы** Маленький принц видел, как она плачет. Она была очень гордым цветком.

(92) Ассоль мечтала, **чтобы** в один прекрасный солнечный день на горизонте появились алые паруса.

(93) Мать посоветовала дочери, **чтобы** она сходила к больной подруге.

(94) Мальчик очень просил родителей, **чтобы** они разрешили ему поехать в каникулы на море.

(95) Надо, **чтобы** ты обязательно поговорила с директором о своём рабочем расписании.

(96) Детям хочется, **чтобы** их всегда выслушивали и чаще хвалили.

- сказать 다음에는 что, чтобы 둘 다 올 수 있는데, 의미가 달라집니다.

Профессор сказал, **чтобы** к следующему семинару все принесли новые тетради.
교수는 다음 세미나 때에는 모두 새 공책을 가져오라고 말했다.

Он сказал, **что** осень в Москве в этом году была очень тёплой.
그는 올해 모스끄바의 가을은 매우 따뜻했다고 말했다.

■ 목적 표현 : '~하기 위해서'

(97) Родители на то и созданы, **чтобы** воспитывать, а дети для того и существуют, **чтобы** создавать поводы для забот.

(98) Номер в гостинице был хорош тем, что в нём не было ничего лишнего: кровать, **чтобы** спать, стол, **чтобы** писать письма, графин со стаканом, **чтобы** пить воду.

(99) Соль можно было достать только у нашей дворничихи Нюры. Она жила на первом этаже, и у неё в прихожей стоял целый мешок соли — крупной и мутной, как куски кварца. Этой солью она посыпала зимой скользкие дорожки, **чтобы** люди не падали. *(В. Токарева)*

(100) У Сергея была самая красивая девушка в университете — не потому, что она ему нравилась, а **чтобы** все завидовали. *(В.Токарева)*

(101) На новогодний вечер в институте Ирина надела самое красивое платье, **чтобы** все любовались только ей.

(102) Мы решили взять черепах на дачу и посадили их в ящик с дырками, **чтобы** проникал воздух.

(103) Буратино продал свой букварь, **чтобы** купить билет в кукольный театр. *- А.Н.Толстой «Приключения Буратино»*

❸ 종속 접속문 '시간', '비교', '정도', '이유', '결과', '조건', '양보'

1. 시간 표현

■ когда '~할 때, ~하는 동안, ~하면서, ~하고서'

동시성

(104) Мальчик всегда одевался в чёрный костюм, а **когда** садился за стол,

надевал на нос очки и начинал читать какую-нибудь книгу, то становился похож на профессора.

(105) **Когда** родители были молодые, они много путешествовали по Европе на машине.

(106) **Когда** Иван проходил мимо Саши, они обменялись с ним взглядами.

(107) **Когда** я вижу бегущих людей, я бегу вместе со всеми, даже если мне надо в противоположную сторону.

부분인 동시성 : 주절과 종속절의 동작이 부분적으로 일치할 때입니다.

(108) **Когда** Ольга Николаевна вернулась домой, её сын уже приготовил ужин и ждал её.

(109) **Когда** я возвращаюсь из университета, у нас во дворе я обычно встречаю пожилую женщину, гуляющую со своими внуками.

(110) **Когда** Петя пришёл домой, родители уже сели ужинать.

순차성 ('∼ 하자, ∼ 하고')

(111) **Когда** Пётр вошёл в комнату, все обернулись в его сторону.

(112) **Когда** я вскочила в вагон отправляющегося поезда, то испытала облегчение, доходящее до восторга.

(113) **Когда** я вернулась из отпуска, вся трудная работа в лаборатории была уже сделана.

(114) **Когда** подошла моя очередь, я снял шапку и сунул голову в окошко кассы. *(В. Токарева)*

(115) **Когда** все ложатся спать, она уходит на кухню, кладёт на стул подушечку и печатает срочную работу. *(В. Токарева)*

(116) **Когда** заканчиваешь большую трудную работу, на душе становится легче.

(117) **Когда** приходят гости, их надо развлекать беседой и поить кофе.

■ пока '∼하는 동안은'

'∼하는 동안은' (제한적 동시성) : 완벽한 동시성을 나타내면서, 종속절의 동작이 진행중인 동안만 주절의 동작이 진행됨을 나타냅니다.

(118) **Пока** я училась в школе, я мечтала стать математиком.

(119) **Пока** шли дожди, мы сидели дома.

(120) **Пока** я буду готовить ужин, прибери в комнате.

(121) **Пока** погода была тёплая, семья Анны жила на даче.

(122) **Пока** я возвращался домой, дождь кончился и выглянуло солнце.

부분적인 동시성

(123) **Пока** Анна думала, что ответить, Иван ушёл.

(124) **Пока** отец думал, как объяснить решение трудной задачи по математике, сын решил её сам.

- пока не + 완료상 '~할 때까지'

Антон понимал, что надо встать и уйти, **пока** они с Сергеем **не** поссорились, но не мог заставить себя подняться.

안똔은 세르게이와 다투기 전까지는 일어나서 떠나야 한다는 것을 알았다. 하지만, 몸이 말을 듣지 않았다.

- в то время, как '한쪽에서 ~하는 동안, 다른 한쪽에서는...'

(125) **В то время как** все были в отпуске, Антон продолжал работать.

(126) **В то время как** дети готовились к экзаменам, родители убрали квартиру.

- перед тем как '~하기 직전에'

(127) **Перед тем как** уехать, Ира позвонила мне.

- прежде чем '~하기에 앞서서'

(128) **Прежде чем** садиться заниматься, надо проветривать комнату.

(129) Карлсон нажал кнопку на животе и, **прежде чем** Малыш успел опомниться, стремительно вылетел в окно.

(130) Антон проснулся, **прежде чем** зазвонил будильник.

- с тех пор как '그때부터 지금까지'

(131) **С тех пор, как** маленькая Лиза выучила буквы, она стала читать все вывески на улицах.

(132) Прошла неделя **с тех пор, как** театр переехал в новое здание.

(133) Тома перестала улыбаться **с тех пор, как** заболела её мама.

 **비교 하세요!**
- С тех пор는 의미는 같지만 부사입니다.

Маша устроилась на киностудию четыре года назад в надежде выйти замуж за кинорежиссёра. Но режиссёр не попался, а попался я. **С тех пор** она о карьере кинозвезды не думает.

마샤는 영화감독과의 결혼을 기대하며 4년 전에 영화사에 취직했다. 하지만 영화 감독이 아닌 내가 걸려들었다. 그때부터 그녀는 영화배우의 꿈을 접었다.

— 빅또리아 또까레바의 《1루블 60꼬뻬이까는 돈도 아니다》

- после того как '~이후에, (~일이 있은) 후에'

  (134) **После того, как** Иван прочитал биографию Репина, он решил познакомиться со всеми его картинами.

- как только '방금, 막..'

  (135) **Как только** перестал идти снег, дорожки в парке расчистили и по ним опять можно было гулять.

  (136) **Как только** ты переведёшь этот рассказ, я отнесу его в редакцию.

  (137) **Как только** дедушка приезжал в гости, в доме начинались шум и веселье.

  (138) **Как только** Игорь почувствовал, что наелся, он вскочил из-за стола.

2. 비교 표현

- как будто ~ '마치 ~인 것 같다'

  (139) Увидев жука, Ирина закричала, **как будто** перед ней был страшный дракон.

- будто ~ '마치 ~인 것 같다'

  (140) Я гулял весь день по осеннему пляжу, не встретив ни одного человека, **будто** курорт вымер.

  (141) Взгляд у неё был абстрактный и одновременно сосредоточенный, **будто** забыла что-то важное и не может вспомнить.

3. 정도 표현

- так ..., как будто '어찌나 ...한지 마치 ~인 것 같다'

    (142) У Вани болел зуб и он **так** стонал, **как будто** у него во рту было 33 больных зуба.

- так, будто ~ '마치 ~인 것 처럼'

    (143) Люди бежали **так, будто** это был самый последний поезд в их жизни и вёз их не в Дубну, а в долгую счастливую жизнь.

    (144) В соседней комнате мама двигалась **так** осторожно, **будто** я сплю и она боится разбудить меня.

    (145) Вика обернулась и посмотрела на меня **так, будто** видит впервые.

- такой (+형용사).... что ~ '어찌나 ...하던지 ~하다'

    (146) Жили-были муж с женой. Жена была **такая** упрямая, **что** и сказать нельзя. *«Муж и жена» (Русская народная сказка)*

    (147) Они шли по **таким** трудным и опасным местам, **что** приходилось цепляться за камни руками и ногами, чтобы не сорваться.

    (148) Торт был **такой** красивый и выглядел так аппетитно, **что** хотелось скорее попробовать его.

- так (+부사) ... что ~ '어찌나 ...하던지 ~하다'

    (149) Женщина **так** громко крикнула, **что** прохожие обернулись.

    (150) Дома в старой части города **так** тесно прижаты друг к другу, **что** можно свободно перейти с одной крыши на другую.

    (151) Весь июль и первую половину августа шли дожди. А так как природа все уравновешивает, то на вторую половину пришлась вся жара. Было **так** душно, **что** плавился асфальт.

    (152) Дедушка был **так** занят чтением газет, **что** даже не поднял головы, когда внучка разбила чашку.

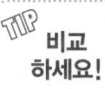

- так что... ...할 정도였다/정도이다

    Виктор резко опустился на диван, **так что** все пружины квакнули, как лягушки.

    빅또르가 소파에 주저앉자, 소파 속에 있는 스프링들이 일제히 개굴개굴 개구리 소리를 내느라 난리였다.

- такой... , какой ~ '어찌나 ...한지 꼭 ~같다'

    (153) Всё вокруг выглядело очень красиво, небо было **таким** синим, **каким** бывает только весной.

4. 이유 표현

- потому что '왜냐하면'

    (154) Анна не любит зиму, **потому что** не любит холодный ветер и мороз.

    (155) Не надо никому завидовать только **потому, что** у него больше способностей, можно всего добиться упорным трудом.

    (156) Я не смогу работать, пока вы будете смотреть телевизор, **потому что** буду отвлекаться.

    (157) После дополнительных занятий Машу всегда встречал отец, **потому что** она боялась ходить одна по тёмным улицам.

    (158) Только не думайте, что я поступила в педагогический институт только **потому, что** туда пошли друзья!

    (159) Когда мы ступили в церковь, старухи упали на колени — не перед нами, а **потому что** так надо было по ходу службы.

- так как '왜냐하면' (다양한 책이나 학술 서적에 등장합니다.)

    (160) Я встал и выключил лампу, **так как** свет мешал мне спать.

    (161) Я вернулся домой, и, **так как** был очень голоден, сразу стал готовить ужин.

    (162) **Так как** я никогда в жизни не поднимался так высоко в горы, подъём дался мне с трудом.

    (163) Антон не поступил в университет, **так как** ему не хватило трёх баллов.

    (164) Досмотреть фильм нам не удалось, **так как** дочка проснулась и потребовала нашего внимания.

    (165) Куда сесть? — спросила она, **так как** стул был заставлен коробками.

    (166) Весь день стояла жара, а **так как** природа все уравновешивает, ночью прошёл дождь.

- благодаря тому, что '~덕분에'

    긍정적 결과를 초래하는 이유를 나타냅니다.

    (167) Ирина сдала курсовую работу в срок, **благодаря тому, что** умеет распределять своё время.

    (168) **Благодаря тому, что** Лена нам помогла, мы вовремя смогли закончить работу.

- из-за того что '~때문에'

    부정적 결과를 초래하는 이유를 나타냅니다.

    (169) Часы сломались, **из-за того что** Андрей купался в них в море.

    (170) **Из-за того, что** Ира задержалась на работе, мы не смогли пойти в кино вместе.

5. 결과 표현

- поэтому '그래서'

    (171) В Петербурге часто идут дожди, **поэтому** мне больше нравится Москва.

    (172) Вика всегда носила джинсы и заплетала косички, **поэтому** выглядела моложе своих лет.

    (173) Игорь шёл по улице и разговаривал по телефону, **поэтому** не сразу заметил друзей, ждавших его у кинотеатра.

    (174) Мы с друзьями собрались поехать за город, но пошёл дождь, **поэтому** мы остались дома.

    (175) Юре приходилось в последние дни поздно ложиться и рано вставать, **поэтому** он очень устал и голова была тяжёлая.

- благодаря чему '~덕분에'

    (176) Виктор был внимательным и заботливым человеком, **благодаря чему** его любили и друзья, и коллеги по работе.

    (177) Характер у Андрея Николаевича был спокойный, человек был рассудительный; он хорошо знал людей и прекрасно понимал их проблемы, **благодаря чему** он стал хорошим директором.

- в результате чего '~결과'

    (178) Мороз был минус 30, **в результате чего** занятия в школах города были отменены.

(179) Ребёнок правильно питался, **в результате чего** он рос подвижным и здоровым.

6. 조건 표현

- если '만약에 ~라면'
  현실적으로 가능한 조건

  (180) Ваня, **если** ты сию минуту не сядешь за уроки, я не пущу тебя вечером гулять!

  (181) **Если** даже будет плохая погода, это не изменит наше желание пойти гулять по городу.

  (182) **Если** я не нашла себя в первые 18 лет, то неизвестно, найду ли себя к следующему вступительному экзамену.

  (183) **Если** любишь человека, надо жить его интересами.

  (184) Ничего в мире не меняется, **если** мы сами остаёмся прежними.

  비현실적인 조건 : 이미 지난 일에 대한 가정이나, 실현 불가능한 조건을 뜻합니다. 이 경우 бы를 주절과 если절에 모두 넣고, 시제는 모두 과거로 해야 합니다.

  (185) **Если бы** все люди знали, как приятно прыгать по лужам под тёплым дождём!

  (186) **Если бы** удалось купить билеты в театр «Современник», ты бы увидел игру самых талантливых актёров!

  (187) **Если бы** мама не заставляла меня ходить в музыкальную школу, я бы сейчас любила классическую музыку.

  (188) **Если бы** ты знал, как ты нас напугал!

  (189) Карлсон сказал, что, **если бы** он был выдумкой, это была бы самая лучшая выдумка на свете.

- раз '~할 거라면' (구어체)

  (190) **Раз** пришёл на работу, так надо работать, а не пить кофе с приятелями весь день!

  (191) Как Ирина может составить хороший букет, **раз** она никогда не занималась флористикой?

7. 양보 표현

- **хотя** '비록 ~일지라도'

   (192) Дедушка никак не может бросить курить, **хотя** знает, как это вредно.

   (193) **Хотя** Маша понимала, что отношения с Игорем ни к чему не приведут, она никак не могла с ним расстаться.

   (194) Мы должны занять первое место в соревновании, **хотя** это будет нелегко.

   (195) Кофе пили всегда в столовой у камина. Так было и сегодня вечером, **хотя** на дворе стояла тёплая, ясная весенняя погода.

❹ 관계대명사 который가 들어간 복문

[단수형 격변화]

	남성(비활동체)	남성(활동체)	중성	여성
주격	**который**	который	**которое**	которая
생격	которого	**которого**	которого	**которой**
여격	которому	которому	которому	**которой**
대격	**который**	**которого**	**которое**	которую
조격	которым	которым	которым	**которой**
전치격	о котором	о котором	о котором	**о которой**

[복수형 격변화]

복수형에서는 성에 관계 없이 선행사의 활동체 비활동체 여부에 따라 두 가지 유형을 갖습니다.

	비활동체	활동체
주격	**которые**	которые
생격	которых	**которых**
여격	которым	которым
대격	**которые**	**которых**
조격	которыми	которыми
전치격	о которых	о которых

[예문]

주격

(196) Анна в очередной раз простила свою подругу, **которая** всегда опаздывает.

(197) Сергей, **который** сидел в кресле, поднялся и налил всем чаю.

(198) Мне бы очень хотелось познакомиться с твоим приятелем, **который** живёт в соседнем доме.

(199) В старом доме жил писатель, **который** писал чудесные сказки для детей.

(200) Дети вдруг почувствовали, как соскучились по своей бабушке, **которая** жила в деревне и готовила такие вкусные пирожки.

(201) Анна взяла чашку с кофе и опустилась в кресло, **которое** стояло в углу комнаты.

생격

(202) Рядом с нашим домом находится продовольственный магазин, **возле которого** большая лужа.

(203) На свете столько мальчишек, которым, как и тебе, семь лет, **у которых** голубые глаза, немытые уши и разорванные на коленках штанишки.

여격

(204) Я боюсь стать таким, как большинство взрослых, **которым** ничего не интересно, кроме работы.

(205) Внизу зеленел парк, **по которому** мы часто прогуливались по вечерам.

대격

(206) Один из городов, **который** посетили туристы, был известен своими самоварами.

(207) В кошельке Ирина нашла ещё одну монету, **которую** раньше не заметила.

조격

(208) У меня есть мужчина, **с которым** спокойно упасть и подняться не больно.

전치격

(209) Отец подошёл к кроватке, **в которой** лежал ребёнок.

❺ 접속사가 없는 복문들 : 접속사가 없는 복문도 존재하며, 이때는 단문과 단문을 콤마(,)나 콜론(:) 등으로 연결합니다.

(210) Во дворе раздавался громкий смех, там ребятишки играли в мяч.

(211) Мы гуляли по городу, шли просто куда глаза глядят.

(212) Саша вышла из комнаты, Игорь запер за ней дверь.

〔실전대비 문제〕

01. Андрей сказал тебе, ____ он пошёл?
    (А) как
    (Б) куда
    (В) где

02. Скажи, ____ ты видел на выставке?
    (А) кто
    (Б) с кем
    (В) кому
    (Г) кого

03. Михаил забыл, ____ находится зоо магазин.
    (А) куда
    (Б) почему
    (В) как
    (Г) где

04. Марина не знала, ____ должен прийти.
    (А) кто
    (Б) что
    (В) где
    (Г) как

05. Виктор спросил, ____ есть словарь.
    (А) у кого
    (Б) кому
    (В) о ком
    (Г) с кем

06. Я знаю инженера, который ____.
    (А) работает мой отец
    (Б) ты ищешь
    (В) изучает эту проблему
    (Г) писали газеты

07. Мы уже были на выставке, ____ открылась вчера.
    (А) которой
    (Б) о которой
    (В) которая
    (Г) на которую

08. Брат купил учебники, ____ у него не было.
    (А) которых
    (Б) которые
    (В) с которыми
    (Г) в которых

09. Иван знает девушку, ____ приехала из Италии.
    (А) которую
    (Б) которая
    (В) которой

10. Друзья сказали, ____ корейский язык очень сложный.
    (А) что
    (Б) чтобы

11. Он сказал, ____ мы обязательно посмотрели этот спектакль.
    (А) что
    (Б) чтобы

12. Марина не пришла сегодня, ____ она больна.
    (А) поэтому
    (Б) потому что

13. Андрей хороший друг, ____ его все любят.
    (А) поэтому
    (Б) потому что

14. Михаил хорошо сдал экзамены, ____ он серьёзно занимался.
    (А) благодаря тому что
    (Б) из-за того что

15. Татьяна будет очень рада, ____ .
    (А) приедет ли брат
    (Б) если приедет брат

16. ____ сестра устала, она должна ещё приготовить ужин.
    (А) Хотя
    (Б) Если

17. Я очень люблю пинг-понг, ____ сам играю плохо.
    (А) хотя
    (Б) потому что
    (В) если

18. Родители не поехали на дачу, ____ сломалась машина.
    (А) когда
    (Б) из-за того что
    (В) хотя
    (Г) благодаря тому что

19. Мы были дома, ____ шёл дождь.
    (А) пока
    (Б) пока не
    (В) как только

20. ____ мы уже три раза приезжали в Москву, мы плохо знаем город.
    (А) Несмотря на то что
    (Б) Если
    (В) Из-за того что
    (Г) Потому что

부록

[부록 1] 형용사의 격변화

		유형 격	1) 어미가 -ый, -ой로 끝나는 경우	2) 어미가 -ий로 끝나는 경우	3) 어간이 -г, -к, -х로 끝나는 경우	4) 어간이 -ж,-ч, -ш, -щ로 끝나는 경우 중, 강세가 어간에 오는 경우	5) 어간이 -ж, -ч, -ш, -щ로 끝나는 경우 중, 강세가 어미에 오는 경우
단수	비활동체 남성형	주격	**новый**	**синий**	**дорогой**	**хороший**	**большой**
		생격	нового	синего	дорогого	хорошего	большого
		여격	новому	синему	дорогому	хорошему	большому
		대격	**новый**	**синий**	**дорогой**	**хороший**	**большой**
		조격	новым	синим	дорогим	хорошим	большим
		전치격	о новом	о синем	о дорогом	о хорошем	о большом
	활동체 남성형	주격	новый	синий	дорогой	хороший	большой
		생격	**нового**	**синего**	**дорогого**	**хорошего**	**большого**
		여격	новому	синему	дорогому	хорошему	большому
		대격	**нового**	**синего**	**дорогого**	**хорошего**	**большого**
		조격	новым	синим	дорогим	хорошим	большим
		전치격	о новом	о синем	о дорогом	о хорошем	о большом
	중성형	주격	**новое**	**синее**	**дорогое**	**хорошее**	**большое**
		생격	нового	синего	дорогого	хорошего	большого
		여격	новому	синему	дорогому	хорошему	большому
		대격	**новое**	**синее**	**дорогое**	**хорошее**	**большое**
		조격	новым	синим	дорогим	хорошим	большим
		전치격	о новом	о синем	о дорогом	о хорошем	о большом
	여성형	주격	новая	синяя	дорогая	хорошая	большая
		생격	**новой**	**синей**	**дорогой**	**хорошей**	**большой**
		여격	**новой**	**синей**	**дорогой**	**хорошей**	**большой**
		대격	новую	синюю	дорогую	хорошую	большую
		조격	**новой**	**синей**	**дорогой**	**хорошей**	**большой**
		전치격	**о новой**	**о синей**	**о дорогой**	**о хорошей**	**о большой**

		유형 / 격	1) 어미가 -ый, -ой로 끝나는경우	2) 어미가 -ий로 끝나는 경우	3) 어간이 -г, -к, -х로 끝나는 경우	4) 어간이 -ж, -ч, -ш, -щ로 끝나는 경우 중, 강세가 어간에 오는 경우	5) 어간이 -ж, -ч, -ш, -щ로 끝나는 경우 중, 강세가 어미에 오는 경우
복수	비활동체	주격	**новые**	**синие**	**дорогие**	**хорошие**	**большие**
		생격	новых	синих	дорогих	хороших	больших
		여격	новым	синим	дорогим	хорошим	большим
		대격	**новые**	**синие**	**дорогие**	**хорошие**	**большие**
		조격	новыми	синими	дорогими	хорошими	большими
		전치격	о новых	о синих	о дорогих	о хороших	о больших
	활동체	주격	новые	синие	дорогие	хорошие	большие
		생격	**новых**	**синих**	**дорогих**	**хороших**	**больших**
		여격	новым	синим	дорогим	хорошим	большим
		대격	**новых**	**синих**	**дорогих**	**хороших**	**больших**
		조격	новыми	синими	дорогими	хорошими	большими
		전치격	о новых	о синих	о дорогих	о хороших	о больших

＊ 비활동체 남성형 단수는 주격과 대격의 형태가 동일합니다.
＊ 활동체 남성형 단수는 생격과 대격의 형태가 동일합니다.
＊ 중성형 단수는 생격과 대격의 형태가 동일합니다.
＊ 활동체 여성형 단수는 생격, 여격, 조격, 전치격의 형태가 동일합니다.
＊ 비활동체 복수 명사의 대격은 수격과 동일하며, 활동체의 대격은 생격과 동일합니다.

[부록 2] 러시아어 필수 동사 114

бросать / бросить что? 던지다
видеть / увидеть кого? что? ~을 보다, 만나다
включать / включить что? (~의 전원을) 켜다
влюбляться / влюбиться в кого? ~에게 사랑에 빠지다
возвращаться / вернуться куда? откуда? ~로부터 ...에 돌아오다
вспоминать / вспомнить кого? что? ~을 회상하다, 떠올리다
вставать / встать 일어나다
встречаться / встретиться с кем? ~와 만나다
выздоравливать / выздороветь 건강을 회복하다, 완치되다
выключать / выключить что? (~의 전원을) 끄다
выполнять / выполнить что? (부탁한 것 등을) 해놓다
вытирать / вытереть что? ~를 닦아서 물기를 제거하거나 깨끗하게 만들다
выходить / выйти куда? откуда? ~로 나오다
граничить(НСВ) с чем? 경계를 이루다
гулять / погулять 산책하다
давать / дать кому? что? ~에게 ...을 주다
дарить / подарить кому? что? ~에게 ...을 선물하다
делать / сделать что? ~을 만들다
достраивать / достроить что? ~를 마저 짓다
есть / съесть что? ~을 먹다
ждать / подождать кого? что? ~를 기다리다
жить(НСВ) где? у кого? ~에서 살다
зависеть(НСВ) от кого? от чего? ~에 달려 있다
заглядывать / заглянуть куда? 살짝 들여다보다
задерживаться / задержаться где? ~에서 지연되다, 늦어지다
заканчивать / закончить что? ~를 마치다
закрывать / закрыть что? 닫다
заниматься(НСВ) чем? ~를 하다, 공부하다
записывать / записать что? ~를 메모하다
звонить / позвонить кому? ~에게 전화하다
здороваться / поздороваться с кем? ~와 인사하다
значить(НСВ) 의미하다
изучать / изучить что? ~을 공부하다
иметь(НСВ) что? ~를 소유하다
искать / найти кого? что? ~을 찾아 보다 / 찾아 내다
кивать / кивнуть кому ~에게 끄덕거리다
кончать / кончить что? ~을 마치다

класть / положить что? куда? ~을 ...에 놓다
кричать / крикнуть 소리지르다
ловить / поймать кого? что? (물고기 등을) 잡다
ложиться / лечь когда? 눕다
любить(НСВ) кого? что? ~를 사랑하다, 좋아하다
молчать(НСВ) 침묵하다
надоедать / надоесть кому? ~에게 질리다
находиться(НСВ) где? ~에 위치하다
начинать / начать 시작하다
начинаться / начаться 시작되다
нравиться / понравиться кому? ~의 마음에 들다
обедать / пообедать 점심 식사하다
обладать(НСВ) чем? 소유하다
обдумывать / обдумать о чём? (곰곰히) 생각하다
обожать(НСВ) кого? что? (속어) 환장하다
обсуждать / обсудить что? 논의하다
объяснять / объяснить кому? что? ~에게 ...을 설명하다
ожидать(НСВ) кого? что? 기대하다, 예상하다
опаздывать / опоздать куда? ~에 늦다
опасаться(НСВ) чего? 무서워하다
отдыхать / отдохнуть 쉬다
открывать / открыть что? ~를 열다
отправлять / отправить кого? что? ~를 ...로 보내다
отправляться / отправиться куда? ~로 가다
отрывать / оторвать кого? что? ~를 뜯어내다
отсутствовать(НСВ) где? 부재하다
отучать / отучить кого? от чего? ~를 끊게 만들다
ошибаться / ошибиться 실수하다
пахнуть(НСВ) чем? ~냄새가 나다
переводить / перевести что 통/번역 하다
переставать / перестать (что делать?) ~를 끊다
печь / испечь что? (빵 등을) 굽다
писать / написать что? ~를 쓰다
пить / выпить что? ~를 마시다
плакать / заплакать 울다
повторять / повторить что? 반복하다, 복습하다
поднимать / поднять кого? что? ~를 들어올리다
подниматься / подняться куда? ~에 올라가다
показывать / показать кому? что? 보여 주다
покупать / купить что? 구매하다

попадать / попасть куда? 명중하다
появляться / появиться 등장하다
предупреждать / предупредить кого? о чём? 경고하다
прекращать / прекратить что? 중단하다
приглашать / пригласить кого? куда? ~를 ...에 초대하다
приезжать / приехать куда? откуда? 도착하다
приниматься / приняться за что? 시작하다
присутствовать(НСВ) где? ~에 참석하다
принадлежать(НСВ) кому? ~에 속하다, ~의 소유이다
приучать / приучить кого? что? к чему? ~에 익숙하게 만들다
приходить / прийти куда? откуда? 도착하다
проверять / проверить что? 확인하다, 검사하다
продолжать / продолжить что? 계속하다
работать(НСВ) где? 일하다
раздаться(СВ) (목소리 등이) 들리다
раздеваться / раздеться (옷을) 벗다
рассказывать / рассказать кому? о чём? ~에게 ...를 이야기하다
расти / вырасти где? ~에서 성장하다
решать / решить что? (문제 등을) 풀다
садиться / сесть куда? ~에 앉다
сидеть(НСВ) 앉아 있다
следовать(НСВ) за кем? за чем? 주시하다
смеяться / засмеяться над кем? чем? ~를 비웃다
смотреть / посмотреть что? ~를 보다
содержать(НСВ) кого? ~를 먹여 살리다
состоять(НСВ) из чего? ~로 구성되어 있다
сочинять / сочинить что? (작문 등을) 하다
спрашивать / спросить кого? о чём? 질문하다
становиться / стать кем? чем? ~가 되다
строить / построить что? ~을 건설하다
существовать(НСВ) 존재하다
угощать / угостить кого? 대접하다
угрожать кому? чем? ~를 협박하다
узнавать / узнать кого? что? 알아보다
улыбаться / улыбнуться 미소 짓다
уснуть(СВ) 잠이 들다
учить / выучить что? ~를 외우다

[예문 해석]

제1부 명사의 격

I. 주격

(1) 어제 나는 호텔에 전화해서 2인실을 하나 예약했다.

(2) 나는 추위를 많이 탄다.

(3) 우리는 보통 늦게, 새벽 2시에 잠을 잔다.

(4) 뻬쩨르부르그는 생긴 이래로 도시명이 세 번 바뀌었다.

(5) 불행은 꼭 연달아 온다. *(러시아 속담)*

(6) 내 누이는 우리 아버지를 굉장히 많이 닮았다.

(7) 이 테이블 비었나요?

(8) 6시면 하루 업무가 끝나지요.

(9) 우리 회사 점심 시간은 너무 짧다.

(10) 1인실이 얼마인가요?

(11) 빨간색은 내가 좋아하는 색이다.

(12) 안똔이 지금 어디에 있는지는 아무도 모른다.

(13) 누가 이번 이어달리기에서 1등을 했나요?

(14) 무슨 일이지? 너희들 왜 그러니?

(15) «모스끄바 호텔»이 어디에 있나요?

(16) 어제 나와 엄마는 극장에 다녀왔다.

(17) 한 무리의 대학생들이 미술관을 방문했다.

(18) 러시아에서 온 사람은 모두 다 러시아인이라고 생각하는 사람들이 있습니다. 이는 사실과 다릅니다.

(19) 넌 정말 천재야. 그건 너무 좋은 생각이야.

(20) 알렉산드르 세르게예비치 뿌쉬낀은 위대한 러시아 시인이다.

(21) 지마 빌란은 굉장히 인기 있는 배우이다. 그에겐 팬이 많다.

(22) 내 친구는 생명공학 분야에서 훌륭한 전문가이다.

(23) 내 누이는 지적 호기심이 굉장히 강하다. 책도 많이 보고, 여행도 많이 다닌디.

(24) 우리에게 조국은 연기조차 달콤하고 기분 좋다. – 그리보예도프의 «지혜의 슬픔»

(25) 안데르센은 동화를 통해 자신의 생각, 감정 및 인생에 대한 태도를 표현해 내는 데에 성공한 몇 안 되는 작가들 중 한 명이다.

(26) 칼손은 동화의 우스꽝스러운 주인공이다.

(27) 애국자란 자신의 조국을 사랑하는 사람이다.

(28) 진정한 재능은 간결함에 있다. *(체홉)*

(29) 바실리 바실리예비치 깐진스끼는 추상미술의 창시자이다.

(30) 들판에 있는 한 명의 군인은 군인이 아니다. (뜻: 함께 힘을 합쳐 할 수 있는 일을 혼자 하는 것은 힘들다) *(러시아 속담)*

(31) 우리는 이 새로 나온 잡지가 매우 마음에 듭니다.

(32) 당신은 이 노한 사전이 마음에 드시나요?

(33) 저는 이 빨간색 자동차가 마음에 안 듭니다.

(34) 너는 이 가죽 가방이 마음에 드니?

(35) 우리 엄마는 이 보라색 코트를 좋아합니다.

(36) 당신은 이 오래된 건물이 마음에 드십니까?
(37) 저는 이 프랑스산 향수가 마음에 듭니다.
(38) 너는 이 은시계가 마음에 안 드니?
(39) 내 형은 점잖은 정장이 한 벌 필요하다. 면접을 앞두고 있기 때문이다.
(40) 지금 내 숙부님은 휴식이 필요하다. 얼마 전에 수술을 받으셨다.
(41) 우리 엄마는 세탁기를 새로 사고 싶어한다. 왜냐하면 우리 집에 있는 건 너무 오래돼서 망가졌기 때문이다.
(42) 내 친구에게는 따뜻한 겨울 잠바가 필요하다. 왜냐하면 곧 겨울이 오기 때문이다.
(43) 리자에게는 예쁜 이브닝드레스가 필요하다. 왜냐하면 그녀는 자주 결혼식에 초대를 받기 때문이다.
(44) 마리나는 따뜻한 가죽 부츠가 필요하다. 왜냐하면 갖고 있는 낡은 부츠가 망가졌기 때문이다.
(45) 내 딸은 손이 잘 언다. 그녀는 장갑이 필요하다.

II. 생격

(1) 안나와 빅또르는 서로 좋아했다. 5개월간 연애했다.
(2) 러시아 작곡가 미하일 이바노비치 글린까의 숙부는 농민들로 이루어진 훌륭한 오케스트라를 갖고 있었다.
(3) 안나 이바노브나, 저는 당신에게 노·영 사전이 있다는 것을 알고 있습니다. 그거 좀 빌려주시겠어요?
(4) 건강상의 문제가 있나요?
(5) 선생님께 부탁이 하나 있습니다. 제가 쓴 기사를 감수해 주실 수 있을까요?
(6) – 안드레이, 내가 하나 제안할까? 같이 축구 하러 가자.
   – 미안하지만, 가기 싫은걸. 다음에 같이 가자.
(7) – 여보세요. 빅또르 안드레예비치씨인가요? 급하게 상의 드릴 일이 있습니다. 시간표 관련해서 상의했으면 합니다.
   – 그런 일은 전화로 얘기할 일이 아니군요. 저한테 잠깐 들르세요.
(8) – 어디가 안 좋으신가요?
   – 목이 아픕니다.
(9) – 나따샤, 너 머리가 왜 그래?
   – 넌 패션을 너무 몰라. 이 헤어스타일이 이번 시즌에 제일 인기 있는 스타일이라구.
(10) – 너 내일 뭐 할건데?
   – 영화 보러 가.
(11) – 빅또르 이바노비치 자리에 계신가요?
   – 네, 계세요. 잠시만 기다려주세요. 지금 면담 가능한지 여쭤 볼게요.
(12) 만약에 경력 사항이 없으면 이력서에 뭐라고 쓰나?
(13) 안똔, 너 또 늦었니? 다음부턴 절대 늦으면 안 돼!
(14) 이렇게 눈이 많이 온 건 참 오랜만이다.
(15) 이 문제에 관하여는 나한테 정보가 하나도 없다.
(16) – 너 오늘 혈색이 안 좋은걸. 너, 어디 아프니?
   – 응, 감기 들었어. 기침도 심하고 오한도 있는데, 열은 없어.
(17) 러시아 작가들이 쓴 소설에 나오는 많은 등장인물들이 뻬쩨르부르그에 살았다.
(18) 뻬쩨르부르그는 러시아의 역사적인 중심지일 뿐만 아니라, 문화의 중심이기도 하다. 뻬쩨르부르그에서 훌륭한 시인들과 작가들이 살고 일했었다.
(19) 마슬레니짜(러시아 전통 명절)는 2월 말부터 3월 초 사이에 시작된다. 마슬레니짜 기간 동안 사람들은 서로의 집을 방문하기도 하고 블린(러시아 부침개)을 부친다.

(20) 어제 나는 새벽 2시에 잠자리에 들었다. 내 딸이 오랫동안 자지 못했다.

(21) 어렸을 때 나와 내 남동생은 '아기 돼지 삼형제'라는 동화를 참 좋아했다.

(22) 2010년 4월에 러시아 평균 월급은 20,383루블에 달했다. (러시아 통계청 자료)

(24) 우리 아파트에는 방이 겨우 두 개이다.

(24) 현대 러시아어에는 격이 6개 있다.

(25) 이 책에는 189페이지가 있다.

(26) 러시아에서는 보통 6, 7살에 초등학교에 입학해서, 17, 18살에 고등학교를 졸업한다.

(27) 러시아 사람들의 평균 수명은 69세에 달한다. (2010년 2월 리아 뉴스 제공)

(28) 러시아어는 러시아 내에 거주하는 약 1억 3000명의 모국어이다. (러시아 인구의 92%)

(29) 내 누이는 애가 셋이다.

(30) 우리 집 고양이가 새끼를 다섯 마리 낳았다.

(31) 나는 다양한 사전을 많이 갖고 있다.

(32) 어떻게 하면 돈을 많이 벌까요?

(33) 안똔은 시험 문제를 많이 틀렸다. 그 이유는 그가 이번 학기에 공부를 많이 안 했기 때문이다.

(34) 니키타는 친구가 별로 없다. 그는 붙임성이 없다.

(35) 하루에 몇 시간을 당신은 주무시나요?

(36) 초콜렛 하나에 몇 칼로리가 들어 있을까요?

(37) 당신은 하루에 몇 칼로리를 필요로 하나요?

(38) 일을 안 해도 살 수 있으려면 얼마의 돈이 (여러분에게) 필요할까요?

(39) 외국인 대부분은 모스끄바에서 불법 체류하고 있다. (2009년 자료)

(40) 러시아 시민 대부분은 일상 생활에서 속담, 격언, 명언들을 사용한다. (2008년 설문 조사 자료)

(41) 아이를 몇 시간 동안 맡아 줄 사람이 누가 있을까요?

(42) 경제 위기는 몇 년간 지속되었다.

(43) 러시아에서 억만장자의 수가 32명에서 62명으로 늘었다. (미국 포브스 2010년 3월 자료)

(44) 수많은 사람들이 자선 콘서트에 왔습니다.

(45) 내 남동생은 나보다 2살 어리다.

(46) 아이는 세상에서 자신의 엄마를 제일 사랑한다.

(47) 도쿄 사람들은 과도한 업무량으로 인해 세계에서 잠을 제일 적게 잔다.

(48) 오늘 우리 딸은 보통 때보다 더 일찍 잠이 깼다.

(49) 나한테는 니끼따라는 남동생이 한 명 있다. 그는 아직 학교에 다닌다.

(50) 뿌쉬낀의 동상 옆에는 항상 생화가 놓여 있다.

(51) 칠레 해안가에서 지진이 발생했다.

(52) 내일 «젠장» 레스토랑 앞에서 만나자.

(53) 러시아 인구의 약 80% 정도가 러시아 사람입니다.

(54) 우리 부모님 댁은 «우다르닉» 영화관 근처에 있다.

(55) 블랙 커피로 주세요.

(56) 많은 이들이 커피를 안 마신다.

(57) "평생 개 한 마리 못 키우고 살다 가겠군." 이라며 꼬마 닐스는 상심에 잠긴 목소리로 말했다. – 린드그렌의 «꼬마 닐스와 칼손»

(58) 나따샤는 산책 갔다 돌아왔다.

(59) 그는 직장에 갔다 저녁 늦게 귀가했다.

(60) – 빅또르 자리에 있나요?
    – 더 이상 여기에서 일 안 하시는데요. 자진 퇴사하셨어요.
(61) 안나와 안똔은 가게에서 나와서 집으로 향했다.
(62) 당신의 출신국명을 말해 주세요.
(63) 우리 아빠는 러시아 갔다 오면서 선물을 많이 갖고 오셨다.
(64) 나는 직장에서 진행 중인 어려운 프로젝트 때문에 신경이 예민하다.
(65) 얼마나 감사한지 몸둘 바를 모르겠습니다. (직역: 내 감사는 한계를 모릅니다.)
(66) 무슨 일이에요? 어디 아픈 건가요? 아니면 무슨 일이 생긴 건가요? 얼굴에 핏기가 하나도 없어요.
(67) 이번 일로 전혀 걱정할 것 없습니다.
(68) 그녀는 그의 냉정함에 격노했다. – 곤차로프의 «평범한 이야기»
(69) 내가 이 조용한 귀퉁이에서 남게 되는 순간 갑자기 예전에 가졌던 내 생각들과 추억들이 내 머리 속에서 사라졌다. – 레프 똘스또이의 «유년시절»
(70) 나따샤는 이 상황에서의 해결점을 못 찾았다.
(71) 내 딸은 할머니 판박이이다.
(72) 유머감각이 뛰어나시군요.
(73) 밖에 폭우가 오네. 물에 빠진 생쥐 꼴이야!
(74) 네 투정 받아주는 것도 이젠 지친다.
(75) 제 잘못입니다. 변명의 여지가 없습니다.
(76) – 하루 종일 다람쥐 쳇바퀴 돌 듯 뛰어 보지만, 그래도 여전히 시간은 턱없이 부족해!
    – 몇 가지 일은 내일로 미뤄, 어차피 모든 일을 다 한다는 건 불가능하니까.
(77) – 이제 그만, 차를 팔 거야. 수리에다. 휘발유 값. 게다가 교통체증 때문에 더 이상은 못 견디겠어.
    – 너 미쳤구나!
(78) 제가 선생님과 단둘이 얘기를 좀 나눌 수 있을까요? – 밤뻴로프의 «6월의 작별»
(79) 모두들 배꼽을 잡고 웃었다.
(80) 그는 하루도 농담을 안 하고 지나치는 날이 없다.
(81) 내 인내심으로는 이 일을 끝까지 하기에 역부족이었다.
(82) – 그녀는 지금 야로슬라블에 자리잡고 살고 있어.
    – 너 그거 확실한 거니?
    – 이보다 더 확실할 순 없어... 직접 들은 얘기니깐 – 뚜르게네프의 «사후에»
(83) 두려움의 눈은 큰 법. (위험을 과장하거나, 불필요한 우려를 표현함.) (러시아 속담)
(84) 벽에도 귀가 달려 있다. (한국 속담: 낮말은 새가 듣고 밤말은 쥐가 듣는다.) (러시아 속담)
(85) 유모가 7명이면, 애가 오히려 한쪽 눈을 잃을 수도 있다. (한국 속담: 사공이 많으면 배가 산으로 간다.) (러시아 속담)
(86) 불 때지 않았는데, 연기 날 리 없다. (한국 속담: 아니 땐 굴뚝에 연기 나랴.) (러시아 속담)
(87) 가시 없는 장미 없다. (예쁜 것들은 모두 안 좋은 점도 갖고 있는 법) (러시아 속담)
(88) 각자 취향은 다른 법. (러시아 속담)
(89) 노력 없이는 우물 안에 있는 작은 물고기 한 마리도 꺼낼 수 없다. (아무리 쉬운 일이라도 자기 노력이 필요하다) (러시아 속담)
(90) 아침은 저녁보다 현명하다. (옳은 결정을 내리기에는 저녁보다 아침이 낫다) (러시아 속담)
(91) 옛 친구 한 명이 새로 사귄 두 명의 친구보다 낫다. (러시아 속담)

III. 여격

(1) 우리 집 개는 나를 항상 반긴다.
(2) 나는 친한 사람들에게 선물하는 것을 좋아한다.
(3) 나는 오늘 꼭 논문 지도 교수님께 전화해야 한다.
(4) 알료나는 자기 여자 친구의 성공을 부러워했다.
(5) 회사는 고객에게 상품의 품질을 보장하고 있다.
(6) 그는 결국 서울대학교에 들어갔다.
(7) 어머니는 딸이 여자 친구네 집에서 하는 파티에 가는 것을 허락해 주었다.
(8) 러시아에선 겨울에 춥다는 걸 받아들이세요!
(9) 이고르는 맥주보다 끄바스를 더 선호한다.
(10) 이리나, 내가 시험 공부하는 것 좀 도와줘.
(11) 사회자는 관객들에게 음악회의 시작을 알려 주었다.
(12) 너네들한테 완전 질렸어!
(13) 대부분의 러시아인들은 은행을 신뢰하지 않는다.
(14) 체홉은 러시아 북부 지역의 자연을 매우 그리워했다.
(15) 만화 영화 «체부라쉬까»를 한번 보렴.
(16) 나는 이 영화가 하나도 맘에 안 들었다.
(17) – 마샤야, 넌 네 일이 싫으니?
    – 여보세요! 누구한테 들은 얘기야?
(18) 오늘 우리는 병원에 가서 의사한테 진찰을 받아야 한다.
(19) 넌 규칙적으로 공부해야 한다. 안 그러면 대학교에 입학 하지 못할 거야.
(20) 당신은 이 일을 금요일까지는 꼭 마쳐야 합니다.
(21) 하루에 몇 칼로리를 우리는 꼭 섭취해야 할까요?
(22) 우리는 하루에 최소 몇 시간을 자야 할까요?
(23) 넌 부모님께 미리 말씀드려야 해.
(24) 우리 부모님은 형이 군대 가서 지금 굉장히 슬퍼하신다.
(25) – 안나 이바노브나! 저 속이 안 좋아요.
    – 무슨 일이니? 어디 아프니?
    – 춥고 메슥거려요.
(26) – 너 경찰한테는 뭐하러 접근했던 거니?
    – 에르미따쥐 박물관 가는 길 좀 물으려고 그랬어.
(27) 버스는 버스 정류장 앞에 다 왔다.
(28) 연극이 끝나면 감독이 직접 여러분을 만나러 올 겁니다.
(29) 나는 이 기사를 금요일쯤 끝낼 것이다.
(30) 2시쯤 나는 시내에 가 있어야 한다.
(31) 러시아어 교재 좀 빌려줄래?
(32) 러시아어 시험은 별로 안 어렵다.
(33) 곧 우리는 영어 시험을 쳐.
(34) 다브이도프씨, 저녁에 다같이 모여서 허심탄회하게 얘기 좀 해 봅시다. – 숄로호프의 «열린 처녀지»
(35) 막심은 모든 일에 무관심하다.

(36) 절망에 휩싸여 올가는 자살할 생각을 하고 있다.
(37) 이번 농담은 잘못 하셨네요.
(38) 우리는 지금 이탈리아를 갈 형편은 안 된다. 차라리 일본에서 휴가를 보내자.
(39) 내 생각엔 당신이 사소한 일들을 너무 예민하게 받아들이는 것 같아요.
(40) – 불쌍한 피노키오, 난 네가 정말 딱해!
　　 – 왜 내가 딱한데?
　　 – 왜냐하면 넌 나무로 만들어진 작은 꼬마인데다. 그보다 더 나쁜 건 머리가 나무로 돼 있다는 거야. – 콜로디의 «피노키오의 모험»

IV. 대격

(1) 옐레나 이바노브나 선생님, 죄송해요, 연습문제를 못 했어요. 문제를 이해 못 했거든요.
(2) 장편소설 «봉순이 언니»를 한번 읽어 보세요.
(3) 얘들아, 모두 다 온 거니? 어디 그럼, 숙제 검사를 해 볼까?
(4) – 우리 집 세탁기가 고장 났어.
　　 – 수리 기사를 불러야겠다.
(5) – 난 과일 아이스크림을 시킬게.
　　 – 난 레몬을 곁들인 홍차를 마시고 싶어.
(6) – 당신은 어떤 아이스크림을 가장 좋아하시나요?
　　 – 저는 아이스크림을 안 좋아합니다. 저는 조각 케이크, 에끌레르와 케이크를 좋아합니다.
(7) 너 왜 이래, 어디 아프니? 열은 재 봤구?
(8) 약은 식후 하루 세 번 복용하세요.
(9) 이리나는 값비싼 선물을 아무렇지도 않게 받았다.
(10) 입안을 헹궈야 한다.
(11) 존은 청혼을 하기 위해 자기 애인을 비싼 레스토랑에 초대했다.
(12) 실례지만 말씀 좀 해 주시겠어요? 어디 가면 팩스를 보낼 수 있을까요?
(13) 저는 미국으로 소포를 좀 보냈으면 좋겠는데요.
(14) 어디가 불편해서 오셨나요? (집중해서 들을 테니) 말씀해 보세요.
(15) 나와 따냐는 우연히 똑같은 가방을 샀다.
(16) 나는 하루 종일 방 청소를 했다.
(17) 학생들은 교수님께 새 단어와 표현을 설명해 달라고 부탁했다.
(18) 빠벨은 어려운 문제를 훌륭하게 풀었다.
(19) 애인한테 편지 받는 건 늘 기분 좋은 일이다.
(20) 동물을 학대하면 안 된다.
(21) 우리는 은행계좌를 해지하려고 합니다.
(22) 나따샤에게 줄 초콜릿을 두고 가도 될까요?
(23) 내 남동생은 컴퓨터 게임 하는 걸 무척 좋아한다. 시간이 날 때마다 컴퓨터 앞에 앉아 있기 때문에 부모님께 혼나곤 한다.
(24) 나는 서류를 훑어보고, 계약서 작성을 끝내고, 계약서들에 서명을 해야 한다. 나는 모든 일을 저녁 때까지 다 끝내야 한다.
(25) 내 여자 친구는 뛰어난 성적으로 대학을 졸업했다.
(26) 월요일에 엄마와 나는 교외로 떠난다.
(27) 다음 주 일요일에 나는 업무차 전주에 간다.

(28) 매년 여름이면 우리는 시골에 계신 할머니 댁에서 쉰다.

(29) 나는 일주일에 한 번 헬스클럽에 다닌다.

(30) 젊은이들은 차를 타고 가는 동안 내내 대화를 나눴다.

(31) 그녀는 평생 파리에 가 보는 게 소원이었다.

(32) 빅또르는 일주일 내내 새 프로젝트 작업을 했다.

(33) 어렸을 때 니나는 자주 서커스를 보러 갔었다.

(34) 나 오늘 시간 있어. 같이 백화점 가자!

(35) – 너 내일 특별한 계획 있니? 뭐 할 건데?
 – 아직 잘 모르겠는데.
 – 그럼 같이 영화관 가자. 내키지 않으면 카페에 가서 커피 마시고, 얘기나 하지 뭐.

(36) 나는 그가 왜 자기 동료들처럼 승진해서 출세의 길을 택하지 않았는지 그 이유를 모르겠다. – 뚜르게네프의 «문학과 인생에서의 회상»

(37) 나따샤가 좋은 성적으로 졸업할 수 있도록 나따샤를 위해, 그리고 우리를 위해 건배합시다!

(38) 그는 사랑에 눈이 멀었다.

(39) 그녀는 예쁘지 않았지만, 가장 예쁜 미인들 중에서도 눈에 띄는 몇 안 되는 사람 중 한 사람이었다. – 셀레르-미하일로프의 «숲은 베이고, 톱밥이 흩날린다.»

(40) 손님들이 막 떠났고, 올가는 지친 듯 침대 위로 쓰러졌다. 눈에는 눈물이 흥건했다. "마음 독하게 먹어요, 이러면 안 되잖아요!"라며 알렉세이가 그의 어깨를 살짝 쥐었다. – 아좌예프의 «모스끄바에서 멀리»

(41) 날씨 변화에 건강 상태가 영향을 받나요?

(42) 가을비가 오면 기분이 어떤가요?

(43) 저를 도와주신 데 대해 어떻게 감사를 표해야 할지 모르겠습니다. (공식적 감사의 표현)

(44) 이 작곡가가 죽었다는 소식에 큰 충격을 받았다.

(45) 그녀는 참사 소식에도 눈 하나 깜짝하지 않았다.

(46) 니꼴라이의 거만함에 나는 화가 치민다.

(47) 나 지금 엄청 화 나서 그녀의 목이라도 베고 싶은 심정이야. (화가 머리끝까지 났을 때 쓰는 표현)

(48) 내 인내심에도 한계가 있어. 나도 내가 어떻게 변할지 책임 못 져.

(49) 이 일을 놓고 골머리를 앓을 필요 없어. 모든 일은 시간이 지나면 저절로 해결되거든.

(50) 농담은 이제 그만합시다!

(51) – 알람 시계를 몇 시에 맞춰 놨니?
 – 5시에 맞춰 놓자... 내일 우리가 해야 할 일이 산더미 같이 많아. – 세메니힌의 «모스끄바 하늘은 맑고»

(52) 나는 세상 모든 사람을 포옹하고 뽀뽀하고 싶은 심정이었다.

(53) 나는 이루 표현할 수 없는 행복감을 느꼈다.

(54) 인생을 좀 더 낙관적으로 보렴.

(55) 너한텐 아들 녀석이 있잖니. 자립할 수 있을 때까지 키워야지. – 글라드꼬프의 «어린시절에 관한 이야기»

V. 조격

(1) 너랑 얘기할 시간 없어.

(2) 너랑 상의 좀 했으면 해. 작은 문제가 하나 생겼어.

(3) 남편과 저는 교회에서 처음 만났습니다.

(4) – 사장님 좀 바꿔 주실 수 있을까요?
　　 – 지금은 곤란하겠는데요. 회의 중이시거든요.

(5) 학교 동창들을 마지막으로 본 건 5년 전이었다.

(6) – 안녕히 가세요!
　　 – 또 봐요!

(7) 안똔은 자신의 여자 친구와 헤어지고는 프랑스로 유학을 떠났다.

(8) – 내일 식당 «무무» 앞에서 저녁 6시에 만나자.
　　 – 좋아. 그렇게 하자!

(9) 아이들은 자기 부모님과 의견이 달랐다.

(10) 부모들은 자기 자식을 자랑스러워하는 법이다.

(11) 어렸을 때 우리 형은 모험 소설에 빠져 살았다.

(12) 미하일의 아파트엔 먼지가 많은데, 미샤는 청소기 사용법을 몰라서 그런 거라고 한다.

(13) 전화를 잘못 거셨군요. (문을 착각하다, 주소를 잘못 알다, 연구실을 잘못 들어오다, 방을 잘못 들어오다)

(14) 직장에서 이반 블라지미로비치씨는 동료들의 존경을 받는다.

(15) – 여가 시간에 뭘 하시나요?
　　 – 인터넷 검색하는 걸 좋아해요.

(16) – 안똔 이바노비치 댁의 따님이 음악, 운동, 정치, 영화 중 무엇에 관심을 갖고 있나요?
　　 – 대답하기 어렵군요. 제 생각엔 두루두루 관심을 갖고 있는 것 같아요.

(17) 선생님의 그 무한한 선량함과 저희에 대한 배려에 고개가 숙여집니다.

(18) – 아버님 직업이 어떻게 되나요? 의사이신가요?
　　 – 교수님이십니다.

(19) CIS(독립국가연합)에 속한 사람들 중 70%가 러시아어를 유창하게 구사한다.

(20) 그에게 필요한 건 빵이 아니라 농담을 들어 줄 사람이다.

(21) 니나는 성격이 아주 원만하다.

(22) 미샤야! 너 뭐하러 이렇게 이상한 모자를 쓰고 온 거니? 넌 모두의 웃음꺼리가 될거야.

(23) 블라지미르는 논문을 열심히 쓴다.

(24) – 니끼따! 넌 장래 희망이 뭐니? 변호사?
　　 – 아니, 우주비행사야.
　　 – 그럼 넌 공부도 많이 하고 운동도 해야겠다. 그러면 넌 똑똑하면서 강한 사람이 될 테니까.

(25) 넌 세상에서 가장 건강하고 강한 사람이 될 거야.

(26) 남동생과 나는 딸기가 들어간 아이스크림이라면 환장한다.

(27) 훈제 연어가 들어간 것과 햄이 들어간 것 중 어떤 샌드위치를 더 선호하시나요?

(28) 저는 해피엔딩으로 끝나는 영화를 좋아해요.

(29) 시험 보기 직전에 우리는 문법 전체를 한 번 복습해야 한다.

(30) 새해가 되기 직전에 러시아 사람들은 모두들 트리 장식과 가까운 친지와 지인들에게 줄 선물을 산다.

(31) 이반과 세르게이는 점심 식사를 할 때 항상 일 얘기를 한다.

(32) 안똔과 사샤는 점심을 먹으면서 대화를 나누고 있다.

(33) 내 여자 친구의 부모님은 모스끄바 근교에서 살고 계신다.

(34) 봐! 책상 밑에 네 연필이 있어.

(35) 이반이 비를 맞고 있다.

(36) 문 밖에서 무슨 소리가 난다.

(37) 아버지는 한참 동안 컴퓨터 앞에 앉아서 새 프로젝트 작업을 했다.
(38) – 마리나는 어디 있어?
    – 가게에 빵 사러 갔어.
(39) 난 널 떠날 거야! 우리는 이제 끝이야!
(40) 이라와 사샤는 나이 차이가 많이 난다.
(41) 그가 줄을 서 있는데 젊고 예쁜 아가씨가 그의 앞에 있었다. "아가씨, 처음 뵙겠습니다. 얘기 좀 해도 될까요?"라고 빅또르는 물었다.
(42) 거실 테이블 위에 크고 예쁜 샹들리에가 매달려 있었다.
(43) 장편소설 «안나 까레니나»는 똘스또이에 의해 쓰였다.
(44) 존경하는 동료 여러분! 잠시만 주목해 주세요! 오늘 저희 병원 심장 전문 분야 권위자인 알렉산드르 블라지미로비치 니꼴라예프 선생님이 아주 어려운 심장 수술을 해 내셨습니다. 알렉산드르 블라지미로비치 선생님! 저희 병원은 선생님이 자랑스럽습니다!
(45) 이 자동차는 얼마 전 우리 부모님에 의해 구매되었다.
(46) 이리나는 백만장자와 결혼했다.
(47) 나따샤는 오랫동안 아픈 남편의 병 수발을 했다.
(48) 이 사람 조심하세요. 이 사람한테 괜히 쓸데없는 말 하지 마세요 – *체홉의 «시류»*
(49) 전에 그 집에 어찌나 많이 갔던지 이젠 눈 감고도 그네들의 집을 찾을 수 있을 정도이다.
(50) 사샤와 마샤는 늘 으르렁대며 산다.
(51) 내가 일을 할 때는 필요한 모든 물건이 손 뻗으면 닿는 데 있어야 한다.
(52) 당신한테 미안하오!
(53) 아직 책 3권 더 반납하셔야 합니다.

VI. 전치격

(1) 당신은 지금 어디에 살고 계시나요? 서울에 계시나요? 부모님과 함께 사세요? 아니면 따로 사시나요?
(2) 빅또르는 은행에서 일한다. 그는 경제학을 전공했다.
(3) 매년 여름이면 우리는 부산에서 휴가를 보낸다.
(4) 이라와 나는 학교 근처에 있는 작은 카페에서 자주 만난다.
(5) 빅또르는 도서관에서 공부하는 것을 선호한다
(6) 지금 내 친구들은 운동장에서 축구를 한다.
(7) 엄마와 나는 보통 롯데백화점에서 쇼핑을 한다.
(8) 알렉세이는 백화점 앞 주차장에 차를 주차해 놓고 점심 먹으러 갔다.
(9) 거실 벽에 내 딸 사진이 걸려 있다.
(10) 모르는 단어가 있으면 사전을 보세요.
(11) 대학 졸업 후에 이반은 시행정직 공무원으로 일하기를 원한다.
(12) 이리나는 안락의자에 앉아서 창밖을 보고 있었다. 밖엔 눈이 오고 있었다.
(13) 안나는 버스(의자)에 앉아 창밖을 보고 있다.
(14) 일요일에 볼쇼이 극장에서 우리는 옛 친구들을 만났다.
(15) 끄레믈(크레믈린)은 모스끄바 시내에 위치하고 있다.
(16) 사전과 교재들은 «비블리오-글로부스» 서점에 가서 사면 된다.

(17) 우리 점심은 중국 식당과 한정식 중에 어디 가서 먹을까?
(18) 남편과 나는 내가 대학교 2학년 때 처음 만났다. 우리는 서로 첫눈에 반했다.
(19) 안똔의 방에는 작은 냉장고가 있다. 그 냉장고 안에는 늘 시원한 맥주가 두 병씩이 들어 있다.
(20) 세르게이는 음악회나, 극장, 박물관, 전시회에 자주 간다.
(21) 레냐야, 이 문제는 나중에 얘기하자. 지금은 못 하겠어. 미안.
(22) 우리 할머니는 우리에게 젊은 시절에 관해 얘기하는 걸 좋아한다.
(23) 당신은 백마 탄 왕자님을 꿈꾸나요?
(24) 출장을 가면 빅또르는 늘 가족 생각을 한다.
(25) 블라지미르는 책을 많이 읽었다. 그래서 문학에 대해 말하는 걸 좋아한다.
(26) 이반은 사적인 문제에 대해 말하는 걸 싫어한다.
(27) 6월이면 각 학년의 학사일정이 끝난다.
(28) 한국에서는 겨울방학이 1월에 시작해서 2월에 끝난다.
(29) 6월에 스베뜰라나 뻬뜨로브나는 러시아에서 하는 교수 및 강사 연수에 다녀왔다.
(30) 다음 달에 남편과 나는 동해로 휴가를 떠날 것이다.
(31) – 선생님의 딸은 몇 년도생입니까?
    – 2009년도에 태어났어요.
(32) 남편과 나는 재작년에 처음 만났습니다.
(33) 내년에 내 누이는 대학교에 입학할 것이다.
(34) 건물 안에 들어올 때 막심은 경찰을 한 명도 못 봤다.
(35) 클래식 음악을 듣고 싶으면, 라디오로도 가능하다.
(36) 새 세탁기를 사용하실 때는 사용 설명서를 꼼꼼하게 읽어 보세요.
(37) 안똔은 음악을 하는 사람이다. 그는 바이올린을 연주한다.
(38) – 어떤 악기를 다룰 줄 아십니까?
    – 기타를 칠 줄 압니다.
(39) 구슬랴는 훌륭한 음악가였다. 그는 많은 악기를 갖고 있었고, 그 악기들을 자주 연주했다. – 노소프의 «몰라돌이와 친구들의 모험»
(40) – 까쨔, 너 서울엔 뭐 타고 갈 거니? 버스 탈 거니?
    – 아니, 기차로 가려구.
(41) 이제부터 여러분은 가장 저렴한 가격으로 모스끄바 상공에서 하는 열기구 비행을 예약하실 수 있습니다.
(42) – 세르게이! 극장 갈 때 택시 타고 가요!
    – 아니, 자기야. 지하철이 더 편해.
    – 하지만 나 새로 산 비싼 구두 신고 갈 거라구!
    – 그러니까 지하철로 가자는 거야.
(43) 어머, 레냐야, 너 오늘 새 원피스 입고 왔구나! 너무 잘 어울린다!
(44) 스베따! 너 세르게이 봤어? 오늘 새로 산 어두운 남색 정장에 밝은 하늘색 와이셔츠를 하고 왔는데. 얼마나 잘생겼는지!
(45) 여름이야 벌써 지났고, 지금은 가을이고, 겨울이 코앞으로 다가왔다. – 뚜르게네프의 «정체기»
(46) 사샤와 나는 자주 의견이 충돌한다.
(47) 너무 행복해서 날아갈 것 같아요.
(48) 남편은 덩치가 큰 사람이고 그녀보다 나이도 20살이나 많으니까 당연히 그녀를 엄청 예뻐하고 맨날 업고 다닐 거야. – 그레꼬바의 «호텔의 안주인»
(49) 새로 시작한 직장에서 나는 좀 불편하다.

제2부 동사

I. 동사의 상

(1) – 레닌그라드에서 오신 건가요? 여행 중이세요?
 – 그렇습니다. - 라고 나는 말했다.
 – 선생님은 여기 분이신가요?
 – 토박이인데요... – 스뜨루가쯔끼의 «월요일은 토요일에 시작된다»

(2) – 아저씨 지금 뭐 하시는 거예요? - 라고 어린 왕자가 물었다.
 – 술 마시고 있지. - 라고 술꾼이 슬픈 목소리로 대답했다. – 생떽쥐베리의 «어린 왕자»

(3) 이제 몸이 진짜로 건강해졌군! – 콜로디의 «피노키오의 모험»

(4) 난 이젠 전처럼 활기차지가 않아. 나 늙었나 봐. – 생떽쥐베리의 «어린 왕자»

(5) 나의 절친한 친구가 아프리카에 살고 있는데, 지금 거기는 춥고 배고프답니다. 그래서 그는 굉장히 위로받고 싶어한답니다.
 – 생떽쥐베리의 «어린 왕자»

(6) 천문학자가 작은 행성을 발견할 때면 그는 그 행성에다가 이름이 아닌 그냥 번호를 붙여 준다. – 생떽쥐베리의 «어린 왕자»

(7) 토마스는 재능 많은 출판업자이다. 그는 새로운 인물들을 발굴해 내고, 그들에게 사랑에 빠지는가 하면, 얼마 후엔 그 사랑이 식고, 그러면 또다시 새로운 사람들을 찾아 나선다. 그는 이렇게 살아간다. – 빅또리아 또까레바의 «로마에서의 휴가»

(8) 보통 저와 제 남편은 지인들을 집으로 초대하는데, 가끔은 그들 집을 방문하기도 한답니다.

(9) 하지만 난 다른 아이들과 달라! 난 그들보다 훨씬 뛰어나고 항상 진실만 말한다구. – 콜로디의 «피노키오의 모험»

(10) 수백만 년 동안 꽃들에선 가시가 나고 있다. 그리고 어린 양들도 수백만 년 전부터 지금까지 여전히 꽃을 먹고 있다. – 생떽쥐베리의 «어린 왕자»

(11) 이 일이 있은 후로 그는 더 이상 움직이지도 못하고 음식이 소화가 될 때까지 6개월째 잠을 자고 있다. – 생떽쥐베리의 «어린 왕자»

(12) 우리 아버지는 공장에서 일하신 지 오래됐다.

(13) – 나따샤는 정말 운전을 잘해!
 – 그렇지 않아요. 전 같이 차 타는 게 겁나던걸요. 교통법규를 자주 어기거든요.

(14) – 따냐는 피아노를 참 잘 친다.
 – 당연하지! 걔는 유명한 피아니스트의 제자인걸.

(15) – 이게 뭐에 쓰는 물건이야?
 – 이건 물건이라고 하는 게 아니야. 이건 비행기라구. 내 비행기. 날아다닌다구. – 생떽쥐베리의 «어린 왕자»

(16) – 실례지만, 몇 번 승강장에서 뻬쩨르부르그 방면 기차가 출발하나요?
 – 3번이예요. 어서 빨리 뛰어가세요. 안 그러면 놓칩니다. 기차가 5분 후에 출발합니다.

(17) – 먹고 싶은 거 골라 봐.
 – 아이스크림 2개랑 오렌지 주스. 근데 이거 비싸잖아.
 – 내가 살게.

(18) – 다음 정류장에서 내리시나요?
 – 아니요. 그 다음 정류장에서 내립니다.
 – 그럼 좀 지나갈게요.

(19) 리마가 등장한다. 그녀는 사색에 잠긴 채, 마치 시라도 짓고 있는 것처럼 느릿느릿 걸어가고 있다. – 빅또리아 또까레바의 «로마에서의 휴가»

(20) 나는 알약을 삼키고, 침대에 누워 천장을 쳐다보면서 두통이 가시기를 기다린다. – 빅또리아 또까레바의 «로마에서의 휴가»

(21) 만프레디 베또니가 등장한다... 나이는 40세이다. 나는 그에게 내 책의 불어판을 선물하면서 이태리어판은 가을에 나올 거라고 말한다. – 빅또리아 또까레바의 «로마에서의 휴가»

(22) – 사샤, 너 오늘 신문 읽어 봤니?
　　　– 아니, 아직 안 읽어 봤는데.
(23) 내가 그 사람 이름이 칼손이고 저기 지붕 위에 산다고 말했었잖아요. - 라고 꼬마 닐스가 말했다. – 린드그렌의 «꼬마 닐스와 칼손»
(24) 내가 전에 너한테 이 얘기 한 적이 있었니? 기억이 가물가물하네.
(25) – 유라가 아무래도 늦는 것 같아. 늦을지도 모른다고 얘기했었어.
　　　– 그래도 안 늦었으면 좋겠다.
(26) 그만의 예쁜이가 그에게 전 우주를 통틀어 그녀와 비슷한 꽃이 없다고 말한 적이 있었다. – 생떽쥐베리의 «어린 왕자»
(27) 먼저 제페토는 그에게 머리카락을 만들어 주고, 그런 다음엔 이마, 그리고 마지막으로 눈을 완성했다. – 콜로디의 «피노키오의 모험»
(28) – 너 내가 부탁한 거 다 했니?
　　　– 누구 말인데!
(29) 할머니, 벌써 파이 다 구웠어요?
(30) 결국 칼손은 자기 집이 있는 지붕 위에 착륙했다. – 린드그렌의 «꼬마 닐스와 칼손»
(31) 나는 논문을 여러 번 검토했고, 수없이 수정했다.
(32) 그러니까, 아저씨가 43번 석양을 본 날, 굉장히 슬펐단 말이죠? – 생떽쥐베리의 «어린 왕자»
(33) 나는 매일 아침이면 가로등을 껐다가, 밤이 되면 또다시 불을 켜곤 했지. – 생떽쥐베리의 «어린 왕자»
(34) 안똔은 남의 물건을 가져가기 전에 항상 허락을 받았다.
(35) 어느 날 집 안에 전화벨 소리가 한참 동안 울렸다. – 빅또리아 또까레바의 «로마에서의 휴가»
(36) 그는 만족스러운 얼굴을 하고 고개를 끄덕였다. – 린드그렌의 «꼬마 닐스와 칼손»
(37) 이렇게 해서 첫날 저녁에 나는 사막에 있는 모래 위에서, 그것도 수천 마일 안에 집이라곤 찾아볼 수 없는 곳에서 잠이 들었다. – 생떽쥐베리의 «어린 왕자»
(38) "네가 우리 집에 오게 되어서 난 참 좋아." 라고 꼬마 닐스가 말했다. – 린드그렌의 «꼬마 닐스와 칼손»
(39) 어느 날 꼬마 닐스는 이마엔 혹을 달고 잔뜩 화가 난 채 (학교에서) 집에 왔다. – 린드그렌의 «꼬마 닐스와 칼손»
(40) 나는 그에게 잡지를 줬었는데 왠일인지 그는 나한테 10분 후에 바로 돌려줬다.
(41) – 창문 좀 열어 주세요. 공기가 탁해요!
　　　– 우리가 벌써 열었었는데. 더 나빠졌어.
　　　– 그럼 에어컨을 빨리 사야겠다.
(42) 누가 나 없을 때 내 컴퓨터 켰었어?
(43) – 자기야! 나 프리젠테이션해야 하는데, 뭘 입죠?
　　　– 자기 입고 싶은 대로 입어요. 검은색 원피스는 어때요?
　　　– 무슨 말이에요! 나 그거 지난 번에 입었었잖아요!
(44) 나쟈! 옆집 여자가 뛰어와서 말하고 갔는데, 네 아들이 옆집 건물 창문을 깼대.
(45) 세르게이는 알렉세이네 파티에 가서 아직 안 돌아왔다.
(46) – 자기야! 내가 자기한테 차 키를 줬잖아요. 어디 있어요?
　　　– 제 자리에 갖다 놨어.
(47) 창문 누가 닫았지? 공기가 탁해서 숨을 쉴 수가 없잖아! 누구든 창문 좀 열어요!
(48) – 엄마! 누가 내 안경 가져갔어요?
　　　– 난 안 가져갔어.
(49) – 안나야, 너 어제 뭐 했니? 너 저녁 내내 전화 안 받던데.
　　　– 여자 친구랑 음악회 갔었어.

(50) 우리 아버지는 서재에 책이 많다. 아버지는 책을 수년간 모으셨다.
(51) 시골 잔치에서 아가씨들은 동이 틀 때까지 춤을 췄다.
(52) – 이고르는 러시아 역사를 잘 아나?
    – 응, 몇 년 동안 배웠어.
(53) 우리는 2시간 만에 새로운 동사들을 다 외웠다.
(54) 대학교의 신관은 1년 만에 완공되었다.
(55) 이브는 오전 내내 «서울 소식지» 신문에 실을 기사를 다 썼다.
(56) 꼰스딴찐은 40분 만에 새 프로젝트에 관해 사장님과 논의를 끝냈다.
(57) 막심은 2주 만에 건강을 회복했다.
(58) 보세와 베딴은 그의 이야기를 듣고 웃기만 했고, 닐스는 입을 다물고 있었다. – 린드그렌의 «꼬마 닐스와 칼손»
(59) 나는 비까에게 다가갔고, 그녀가 우는 걸 발견했다.... 그녀는 울면서 한 손으로 눈물을 닦아 내고 있었다. – 빅또리아 또까레바의 «1루블 60꼬뻬이까는 돈도 아니다»
(60) 그녀의 눈은 미소를 머금고 반짝거렸으며, 입술은 바르르 떨면서 웃고 있었다. (체홉)
(61) 바닷가 한쪽에 사람들에게서 멀찍이 떨어져서 한 아가씨가 앉아 있었다. 그녀는 책을 읽고 있었다. 아니, 그보단 읽는 척했다는 표현이 더 옳다. (체홉)
(62) 1초 후에 문이 쾅! 하고 닫히고 꼬마 닐스는 다음과 같은 말을 들었다. – 린드그렌의 «꼬마 닐스와 칼손»
(63) 갑자기 꼬마 닐스는 뭔가를 떠올리더니 엄마를 향해 밝게 미소를 지어 보였다. – 린드그렌의 «꼬마 닐스와 칼손»
(64) 어린 왕자는 모든 장미가 그의 꽃과 비슷하다는 것을 발견했다. 그리고 그는 아주 아주 슬퍼졌다. – 생떽쥐베리의 «어린 왕자»
(65) 칼손의 눈은 빛이 나더니, 그는 좋아서 제자리에서 뛰기 시작했다. – 린드그렌의 «꼬마 닐스와 칼손»
(66) 엄마는 아이의 다친 무릎에 뽀뽀하고는 "이제 안 아프니?"라고 물었다.
(67) 꼬마 닐스는 초콜렛이 들어 있는 찻잔에서 눈을 떼고는 잔뜩 화가 난 얼굴로 엄마를 쳐다봤다. – 린드그렌의 «꼬마 닐스와 칼손»
(68) 그런 다음 꼬마 닐스는 자기 방으로 가서 칼손을 기다리기 시작했다. – 린드그렌의 «꼬마 닐스와 칼손의 모험»
(69) 안드레이는 올랴와 만나서는, 그녀를 카페에 초대했다.
(70) 칼손은 고개를 들고선 조심스레 방 안을 힐끔 들여다봤다. – 린드그렌의 «꼬마 닐스와 칼손의 모험»
(71) 바냐는 자기가 그린 그림들을 엄마한테 보여 드리고선 마음에 드시는지 여쭤봤다.
(72) 옐레나는 잔뜩 풀이 죽어서 집에 왔고, 옷을 벗은 후에는 샤워기의 뜨거운 물을 틀어 놓고 한참 동안 서 있었다.
(73) 세르게이는 장갑을 주머니에 집어넣고 집 밖으로 나갔다.
(74) 블라지미르는 우리한테 다가와서 인사를 했다.
(75) 칼손은 한쪽으로 물러나서 나즈막한 벤치에 걸터앉아서 잔뜩 골을 냈다. – 린드그렌의 «꼬마 닐스와 칼손의 모험»
(76) 미샤는 책들을 도서관에서 빌려와서는 그것들을 침대용 탁자 위에 올려놓기가 무섭게 까쨔에게 전화를 걸었다.
(77) 그는 풀 위에 누워서 울기 시작했다. – 생떽쥐베리의 «어린 왕자»
(78) 어린 왕자는 바위 위에 앉아서 하늘을 향해 눈을 치켜떴다. – 생떽쥐베리의 «어린 왕자»
(79) 안똔은 늦게 와서 재빨리 옷을 벗고는 잠자리에 들었다.
(80) 불쌍한 노인은 셔츠 하나만 입고 (집으로) 돌아왔다. 이때 밖에는 눈이 오고 있었다. – 콜로디의 «피노키오의 모험»
(81) – 난 그를 어제 봤어. 집 근처에 서 계시던걸.
    – 모습이 어떠셨어?
    – 셔츠 하나만 입고 추위에 떨고 계셨어. – 콜로디의 «피노키오의 모험»
(82) 우리가 집에 도착했을 때, 갈랴는 여태껏 커피를 마시고 있었다.
(83) – 벌써 3시가 되었는데, 안똔은 여전히 점심을 먹고 있었어.
    – 이야, 걔 진짜 대단하다!

(84) 비까는 자고 있었다. 그녀의 방 안에 있는 환기창은 여전히 열려 있었다. 바깥 공기는 선선했고, 눈내음이 났다. – 빅또리아 또까레바의 «1루블 60꼬뻬이까는 돈도 아니다»

(85) 5월에 당신은 논문 발표를 하실 건가요?

(86) – 너 운전 면허 공부할 거니?
  – 응, 할 거야.

(87) 여름에 따찌야나는 바다에서 쉴 것이다. 물놀이도 하고, 일광욕도 하고, 바닷가에서 산책도 하며, 자연의 아름다움에 도취되면서 말이다.

(88) – 어때, 문제 다 풀었어?
  – 거의 다 풀어가. 조금만 기다려.

(89) – 따냐, 모두들 숙제로 내 준 작문을 다 해 왔어.
  – 전 토요일까지 해 와도 될까요?

(90) – 너 오늘도 소파 위에서 빈둥거릴 거니?
  – 아니, 운동화 사서 운동장 가려구.

(91) 슬퍼하지마, 자주 전화할게!

(92) 어제 내가 «한국»이라는 잡지를 한 권 샀어. 굉장히 맘에 들더라구. 앞으론 매달 사려구.

(93) 3시쯤, 아니면, 4시, 아니, 5시쯤, 아니, 6시가 지나서야 내가 널 데리러 올 수 있을 것 같아. – 린드그렌의 «꼬마 닐스와 칼손»

(94) 그는 칼손이 어서 빨리 날아올 간절히 바랬다. 꼬마 닐스는 며칠 후면 교외로 떠나 한동안 못 볼 테니까 이제부터라도 최대한 자주 만나야 한다는 생각이었다.

(95) "어디 가지 말고 잠깐만 기다려 줘," 하고 다급하게 꼬마 닐스가 말했다. "나 금방 돌아올게." – 린드그렌의 «꼬마 닐스와 칼손»

(96) 올 여름엔 시골에서 쉴 것이다.

(97) 따냐, 너 빵 사러 가면, 나도 식빵 하나만 사다 주라.

(98) – 유라, 너 오늘 공부 너무 조금 했다.
  – 대신 내일은 하루 종일 공부할 거예요.

(99) 너는 내 건강이 어떤지 알아보려고 올 거고, 나는 너한테 내가 세상에서 제일 위독한 사람이라고 말을 하는 거야. – 린드그렌의 «꼬마 닐스와 칼손»

(100) 곧 방학이 시작될 거고, 넌 할머니댁에 가게 될 거야. – 린드그렌의 «꼬마 닐스와 칼손»

(101) – 발랴야, 너 어디 가니?
  – 우체국.
  – 조금만 기다려 봐. 편지 다 쓰고 나도 너랑 갈 거야.

(102) 뻬쨔는 자는 척하며, 눈을 감고 숨을 깊고 고르게 쉬기 시작했다. – 까따예프의 «외로운 돛단배 보이고»

(103) 뾰뜨르 1세 때 함대를 창설하기 시작했다.

(104) 꼬마 닐스는 설탕 한 조각을 더 집어들고는 또다시 칼손 생각을 하기 시작했다. – 린드그렌의 «꼬마 닐스와 칼손»

(105) 마리나는 수족관에 있는 물고기들이 헤엄치는 모습을 관찰하는 것을 좋아한다. 그걸 보면 마음이 편안해진다.

(106) 내 아이들은 «어디 두고 보자!» 만화영화 시리즈의 최신 버전을 보는 것을 좋아한다.

(107) 오늘은 학교에서 읽는 법을, 내일은 쓰기를, 모레는 셈하는 법을 마스터해야지. –콜로디의 «피노키오의 모험»

(108) 올해엔 우리가 크리스마스 트리를 사지 않았다.

(109) 우리는 이 연극을 보러 가지 않았다.

(110) 나는 바빠서 뾰뜨르의 이야기를 못 들었다.

(111) – 저 아직 배가 안 불러요!
  – 하지만 난 너한테 줄 게 아무것도 없구나. – 콜로디의 «피노키오의 모험»

(112) 안똔은 아직 소설을 끝까지 다 못 읽었기 때문에, 도서관에 반납하지 않았다.

(113) 이반 이바노비치 선생님, 아직 새 책 다 못 쓰셨나요?
(114) 소음 때문에 나는 뾰뜨르의 이야기를 들을 수가 없었다.
(115) 따찌야나는 절대 자기 사생활에 대해 말하는 법이 없었다.
(116) 그는 한번도 그 누구도 사랑한 적이 없었다. 그리고 사랑하기 위한 아무런 노력을 하지 않았다. – 생떽쥐베리의 «어린 왕자»
(117) 남편은 자기 일에 대해 전혀 이야기를 해 주지 않았고, 아내도 꼬치꼬치 캐묻지 않았다.
(118) 1시간, 2시간, 3시간이 지나도 스베뜰라나는 돌아오지 않았고, 모두들 걱정했다.
(119) 노파는 귀머거리였다. 그래서 한참 동안 우리에게 문을 안 열어 주었던 것이다.

II. 운동동사

(1) 마샤는 아버지의 서재로 가면서 오른손에는 커피잔을 들고 있다.
(2) 예쁘장한 스튜어디스가 사탕과 음료를 쟁반에 담아 나르고 있다.
(3) 지금 나는 차를 타고 교외로 가는 중이다. 운전대는 내 남자 친구가 잡고 있다.
(4) 보통 나는 아침 8시에 일어나서, 아침을 먹고 직장에 간다.
(5) 여름이 되면 우리는 바다로 휴가를 떠난다.
(6) 매년 우리는 방학을 고대하고, 7월 초면 벌써 할머니가 계신 시골에 간다.
(7) 내일 선생님이 자기 반 학생들을 «러시아 박물관»에 데리고 가신다.
(8) 토요일에 우리는 베니스로 간다. 아싸!
(9) 그는 친구들이랑 있을 때 자주 무례한 행동을 한다.
(10) 어른들 틈에 아이들이 이리저리 뛰어다니고 있다.
(11) 홀 가운데에 있는 거대한 수족관에서는 아름다운 열대어들이 헤엄치고 있었다.
(12) 밖은 겨울이지만, 우리 집은 바닥이 따뜻해서 아이들이 집 안을 맨발로 돌아다닌다.
(13) 안나와 따냐는 오랫동안 박물관 여기저기를 돌아다니면서 모든 전시품들을 구경했다.
(14) 여자아이들이 몇 날 며칠을 마당에서 뛰어다닌다.
(15) 바실리는 매년 여름이면 크림 반도로 휴가를 떠난다.
(16) 안나 세르게예브나는 업무차 노보시비르스끄에 자주 간다.
(17) 우리는 자주 아이들을 극장에 데리고 간다.
(18) 우리 오빠는 자주 나를 직장까지 태워 준다.
(19) 아침에 올가는 동생이 아파서 약국에 약 사러 뛰어갔다 왔다.
(20) 그저께 꼴랴는 공항에 친구들을 배웅하러 갔었다.
(21) 지난 주에 세료좌는 중요한 일이 있어서 뻬쩨르부르그에 다녀왔다.
(22) 정류장에서 차장이 버스에 탔다. 알렉세이는 표를 찾기 위해 주머니란 주머니는 다 살펴봤지만 헛수고였다.
(23) 엘리베이터가 도착했고, 문이 열리자 학생들이 안으로 들어갔다.
(24) 수업을 알리는 종소리가 들렸고, 학생들이 교실 안으로 들어갔다.
(25) 트럭이 천천히 오랫동안 산으로 올라갔다. – 린드그렌의 «꼬마 닐스와 칼손»
(26) 칼손은 열린 창문을 통해서 밖으로 날아갔다.
(27) 어제 나따샤는 직장에 늦을까 봐 걱정했다. 왜냐하면 평소보다 15분 늦게 나왔기 때문이다.
(28) 이반 이바노비치씨는 탈모 증상이 약간 있다. 다행히도 머리카락이 아직은 다 빠지지 않았다.
(29) 필레와 룰레는 현관으로 갔고, 불쌍한 오스카만 덜렁 혼자 남았다. – 린드그렌의 «꼬마 닐스와 칼손»
(30) 세르게이는 오토바이를 타고 대문 밖을 나갔다.

(31) 집에 아무도 없다는 확신이 들면, 도둑은 자물쇠를 부수고 집에서 모든 귀중품을 들고 나간다. – *린드그렌의 «꼬마 닐스와 칼손»*
(32) 지진이 나자 사람들은 허둥지둥하며 밖으로 뛰쳐나갔다.
(33) 새가 경계를 많이 해서 덤불 속 움직임을 포착하자 날아가 버렸다.
(34) 내가 끼예프를 떠나 오데사로 떠난 날로부터 2년이 넘게 지났다... *(빠우스또프스끼)*
(35) 세르게이는 일찍 출근해 버렸고, 안나는 저녁에 하는 연극 공연 티켓을 구매한 사실에 관해 결국 말을 하지 못했다.
(36) 연출가와 함께 최고의 배우들이 극장을 떠났다.
(37) – 사장님 자리에 계신가요?
  – 아니오, 퇴근하고 안 계십니다.
(38) – 레비딴의 «황금빛 가을»이란 그림이 어디 있죠? 여기 걸려 있었는데.
  – 서울에서 하는 전시회에 가져가고 없습니다.
(39) 이반은 방에 들어와서 선반에서 책 몇 권을 가져와서는 그걸 자기 서재에 갖다 놨다.
(40) 다게스딴에서 발생한 테러가 민간인 몇 명의 목숨을 앗아갔다.
(41) – 옐레나 빅또로브나는 블라지보스똑으로 떠났어요.
  – 새로 산 가구는 어떻게 하구요?
  – 가구도 가져갔어요.
(42) 이 모든 걸 준비하는 데는 적지 않은 시간이 소요되었다. – *린드그렌의 «꼬마 닐스와 칼손»*
(43) – 레비딴의 그림이 도대체 요즘 계속 어디에 가 있었던 거지?
  – 모스끄바에서 하는 전시회에 전시차 가져갔었어.
(44) – 니꼴라이, 너 어디 갔었니? 일요일 내내 전화했는데.
  – 친한 지인이랑 낚시 갔었어.
(45) 안드레이가 출근할 때 서두르는 바람에 나는 그에게 저녁에 뭘 할 건지에 관한 이야기를 꺼내지 않았다.
(46) – 세료좌, 너 오늘 학교에서 학부모 회의 있는 거 아버지께 말씀드렸니?
  – 아니, 깜빡했어.
  – 그럼, 어서 가서 말씀드려, 출근 준비 하시잖아.
(47) 새들은 날이 추워지면 따뜻한 남쪽 지방으로 떠난다.
(48) 연극이 끝난 후에 유명 배우는 자신의 여성 팬들을 피해 다녀야 했다.
(49) 많은 어린이들은 산타클로스가 날씨가 더워지면 휴가를 가거나 북극으로 떠난다고 생각한다.
(50) 드디어 아버지가 출장 가신다. 아싸! 자유여 내가 간다!
(51) 극단은 오스트레일리아에 순회 공연을 하러 떠나고 없다.
(52) 니나는 아침 식사 때 먹을 빵을 사러 나갔다. 5분 후에 돌아올 것이다.
(53) 너에게 안부를 묻고자 왔구나,
  해는 중천에 떠서(아침),
  그 뜨거운 기운으로,
  나뭇잎들을 요동시키고 있다고 말하고자. *(페뜨)*
(54) 내일 내가 너한테 수영 모자 갖다 줄게. 모자 없이는 수영장에 안 들여보내 주거든.
(55) 왔노라, 보았노라, 이겼노라! *(라틴어 표현)*
(56) 올가는 동료들에게 보여 주려고 직장에 자기 결혼 사진을 가지고 왔다.
(57) 봄이 모스끄바에 대서양의 따뜻한 바람을 실어왔다.
(58) 어떻게 벨라를 납치할 생각을 할 수가 있죠? *(레르몬또프)*
(59) 유리는 오리들에게 밥을 주고 잔잔한 물을 감상하려고 커다란 연못에 매번 오곤 했다.
(60) – 이반 빅또로비치가 우리한테 장미를 선물을 하시다니! 기분 너무 좋다.
  – 크림 반도 여행을 다녀오실 때면 항상 우리한테 그곳 장미를 가져오시잖아.

(61) 조용, 조용히, 부드럽게, 꿈속에서처럼 당신은 이따금 나에게로 온답니다. *(구밀료프)*
(62) – 엄마, 우리 집에 우체부 아저씨 왔다 가셨어요?
   – 응, 오셨었지.
(63) 안똔이 우리 집에 안 온 지 오래됐고, 우리는 그가 보고 싶었다.
(64) 칼손은 꼬마 닐스의 책장 앞에 가서 거기 놓여 있는 장난감 증기 자동차를 꺼냈다. – 린드그렌의 《꼬마 닐스와 칼손》
(65) 상점 안에서 한 남성이 통증을 호소해서, 다가가서 도움이 필요한지 물었다.
(66) 아가씨는 마이크 앞으로 다가와서 노래를 부르기 시작했다.
(67) 그는 아이가 자고 있는 침대에 다가가서는 자기의 두툼한 집게손가락으로 아이의 턱 밑을 간지럽혔다. – 린드그렌의 《꼬마 닐스와 칼손》
(68) 밖에서 고함 소리가 들렸다. 나는 창문 쪽으로 다가가서 밖을 내다봤다.
(69) 알료나는 책상에서 일어나서 창문 쪽으로 다가가서는 창문을 활짝 열었다.
(70) 남자들은 보트를 타고 섬을 향해 다가가서 바닷가에 도달해서 배에서 내렸다.
(71) 알료나! 너 방금 꽃을 파는 가판대 앞에 왔던 남자 봤어? 그 사람 유명한 배우잖아!
(72) – 미샤야, 너 뭐하러 경찰관한테 다가갔니?
   – 볼쇼이 극장 어떻게 가는지 물어보려고 그랬어.
(73) 아이들이 모르는 한 선원이 집 쪽으로 다가온다. 그러자 아이들이 그에게 말한다. "누구 찾아오셨어요?" *(미할꼬프)*
(74) 오늘은 강의 후에 안똔이 나한테 다가오지 않았다.
(75) 지난 주에 안똔은 새로 산 안락의자들을 별장에 실어다 놨다.
(76) 이 신문들을 안나 안드레예브나에게 갖다 주세요.
(77) 빅또르는 텔레비전을 전파사에 수리를 맡겨야 한다.
(78) 어린 남자아이가 부모님을 잃어버려서 우리는 그 아이를 백화점의 관리부에 데려다주었다.
(79) 마리야 니꼴라예브나는 여자를 유아실에 데려다 놨다.
(80) 간호사는 환자를 병실까지 데려다 놨다.
(81) 손님들이 차를 다 마시고 베란다로 나갔고, 나는 찻잔들을 모아서 부엌에 갖다 놨다.
(82) 기차는 10분 후에 출발한다.
(83) 아이들은 열매들을 따고, 어머니와 아버지는 바구니들을 집 앞에 갖다 놓았다.
(84) 공원에서 놀던 바냐는 점심을 먹으러 오라는 엄마 목소리를 들었다. 그는 자기 장난감을 집어들고 집으로 뛰어갔다.
(85) 새 프로젝트 작업이 끝나자, 세르게이는 휴가를 내서 소치로 떠났다.
(86) 류드밀라는 머리가 아파서 바람을 쐬러 갔다.
(87) 나따샤와 안드레이는 택시를 탔고, 택시는 그들과 함께 공항으로 향했다.
(88) 바냐는 새끼 고양이를 양손으로 안아서는 품에 꼭 안고 집으로 향했다.
(89) 빗줄기가 세졌고, 아이들은 더 빨리 뛰기 시작했다.
(90) 빅또르는 피로를 느꼈고, 헤엄치는 속도를 줄였다.
(91) – 너 내일 어디 갈 거니?
   – 에르미따쥐 박물관 갈 거야. 아직 거기 한번도 안 가 봤거든.
(92) – 내일은 금요일이구, 나 일찍 끝나.
   – 너 주말에 어디 갈 계획 있어? – 추꼽스끼의 《의사 아이아파》
(93) 아, 내가 만약에 물에 빠져 바닥까지 내려가면 내 환자들, 숲 속 내 짐승들은 어떻게 되지?
(94) 까쨔, 내일 호두 따러 숲에 가자!
(95) 얘들아, 다음 주에 크림 반도에 같이 가자!

(96) 영화관 가자! 넌 기분 전환 좀 해야 돼.
(97) 아침에 아버지는 커피 한 잔을 하시고, 신문을 다 읽고 나서 출근하셨다.
(98) 관광객들이 버스에서 내리자 가이드가 그들을 박물관으로 인도했다.
(99) 나 오페라 《예브게니 오네긴》에 초대받았는데, 안 갔어. 그럴 기분이 아니었거든.
(100) 저는 물론 당신과 모스끄바 근교를 여행하고 싶어요. (하지만...)
(101) 나는 열기구를 타고 좀 날아 보는 게 소원이다.
(102) 어린 풀 위를 좀 뛰어 봤으면!
(103) 안드레이는 초조해서 방 안을 왔다 갔다 하더니 또다시 앉았다.
(104) 우리 눈 위를 좀 뛰어 보자. 봐 봐, 얼마나 상쾌하고, 가볍고, 부드러운지!
(105) 미샤는 강에서 수영을 좀 했지만, 물이 너무 차가워서 그의 몸이 금방 차갑게 얼었다.
(106) 방학 때 나는 내 친구들과 한국의 남부 지방 도시들을 여행하고 싶다.
(107) 정말이야, 난 널, 너 하나만 보려고 일부러 들렀단 말이야. 믿어도 돼. *(빠노바)*
(108) 열린 창문으로 참새 한 마리가 날아들어서 책상 끝에 앉아 나를 빤히 쳐다보았다.
(109) – 너 내일까지 내 책 돌려줄 수 있니?
    – 응, 아침에 내가 학교 갈 때, 잠깐 들러서 주고 갈게.
(110) 나는 내 수학 교과서들을 받으러 니꼴라이네 집에 잠깐 들렀다.
(111) 집에 오는 길에 나는 우표와 봉투를 사러 우체국에 들렀다.
(112) 사샤는 서둘러 출근을 했고, 어머니는 그가 길을 따라 뛰어가는 모습과 건물의 모퉁이 뒤로 뛰어가는 모습을 보았는가 싶더니, 어느 순간 시야에서 사라졌다.
(113) 집에 가는 길에 신혼부부는 저녁거리를 사러 대형 마트에 들렀다.
(114) – 극장 갔다가 왜 이렇게 늦었니? 너 따냐네 집에 갔었니?
    – 응, 잠깐 들렀었지.
(115) – 체홉 책 있나요?
    – 아니요, 지금은 없어요. 빨리 절판되더라구요. 더 자주 들르세요.
(116) 매주 일요일이면 사샤와 마샤는 늘 집에 있었다. 그래서 나와 내 남편은 뻔질나게 그 집에 드나들곤 했다.
(117) 네가 설명을 너무 잘해 줘서. 우리는 너희 집을 쉽게 찾아왔어.
(118) 모스끄바까지는 무사히 잘 도착했는데, 그 이후엔 모험이 시작되었다.
(119) – 안녕하세요, 옐레나 이바노브나, 잘 도착하셨나요?
    – 감사합니다, 아주 잘 도착했습니다.
(120) 사샤는 반대편 강가까지 10분 만에 헤엄쳐 갔다.
(121) 우리는 전차로 15분 만에 대학교에 도착했다.
(122) 유라는 학교까지 가는 데 20분이 걸린다.
(123) 안똔은 항상 집까지 가는 데 20분이 걸린다.
(124) 보통 우리는 공항까지 가는 데 1시간이 걸린다.
(125) 우리는 강을 가로지르는 다리 위를 지나왔다.
(126) 선수들이 강을 헤엄쳐서 강을 건넌 후에 자전거에 탔다.
(127) 비행기가 산을 지나 비행장으로 향했다.
(128) 딸이 좀 크자 부모님이 그녀의 유아용 침대를 다른 방으로 옮겨 놨다.
(129) 우리 아버님은 다른 회사로 이직하셨다.
(130) 얼마 전에 우리 가족은 모스끄바로 이사했다.

(131) 나는 내 딸의 손을 잡고 같이 길을 건넜다.
(132) 자동차가 철도를 지나간다.
(133) 안드레이는 마리나가 길을 건너는 모습을 보고 있었다.
(134) 모스끄바 지하철은 매일 8-9백만 명의 승객들을 실어 나른다.
(135) - 세르게이 니꼴라예비치씨가 이직한다는 거 알아요?
      - 왜 이직한대요?
(136) 내 남편은 장교이다. 그래서 우리는 자주 도시를 옮겨가며 이사를 다닌다.
(137) 토요일에 우리 유치원은 새 건물로 이전한다.
(138) - 안나가 통번역사라고?
      - 맞아, 대단하지. 통역과 번역을 모두 잘한대.
(139) 친구들과 내가 모스끄바 국립대 본관 옆을 지났을 때, 우리는 우리 교수님을 발견했다.
(140) 아버지는 다리를 지나서 좌회전하셨다.
(141) 자동차 경주 참가자들이 평균 시속 50km로 30,000km를 달렸다.
(142) 3시간 동안 승객들은 1,600km를 비행했다.
(143) 이반과 사샤는 세 정류장을 가서 버스에서 내렸다.
(144) 빅또르는 책 읽는 데 열중한 나머지 자기가 내려야 할 정류장을 놓쳤다.
(145) 뜨레찌야꼽스까야 갤러리까지 어떻게 가는지 말씀 좀 해 주세요.
(146) 옆을 날아가고 있는데, '안녕, 칼손'이라고 소리 질러 줄 사람이 없으면 슬퍼. - 린드그렌의 《꼬마 닐스와 칼손》
(147) 한 시간에 약 20,000대의 자동차가 이 길을 지나간다.
(148) 꼬마 닐스는 흥분해서 숨을 고르게 쉴 수가 없었고, 등엔 소름이 돋았다. 자기 집 창문 옆을 작고 통통한 난쟁이들이 날아다니는 모습은 흔히 볼 수 있는 광경은 아니었으니까. - 린드그렌의 《꼬마 닐스와 칼손》
(149) 나는 매일 적어도 10km 이상 자전거를 탄다.
(150) 사내아이들은 언덕에서 뛰어 내려와서는 숲으로 향했다.
(151) 창문을 열면, 바람이 불어와서 책상 위에 있던 종이들이 흩날린다.
(152) 세르게이와 안똔은 썰매를 타고 눈 덮인 언덕을 내려오고 있다.
(153) 어제 따냐는 의사를 만나 진찰을 받고 왔다.
(154) 바냐는 칼을 가지러 부엌에 뛰어갔다 왔고, 칼을 이용해 저금통에서 5루블짜리 동전들을 꺼내기 시작했다.
(155) 네가 그렇게 고집을 부린다면야, 우린 주말에 뻬쩨르부르그에 가서 전시회를 보고 올 수도 있어.
(156) 주말에 우리는 친척 집에 다녀왔다.
(157) 일요일에 우리는 목욕탕에 갔다 왔고, 그 후 1주일 내내 난 컨디션이 너무 좋았다.
(158) 네가 어찌나 동작이 빠른지 우리가 차 한 잔을 다 마시기도 전에 넌 오늘 신문을 사 왔다.
(159) 저녁에 하는 새 연극 공연에 널 꼭 데려갈게!
(160) - 뻬쩨르부르그는 잘 다녀오셨나요?
      - 덕분에 아주 잘 다녀왔습니다.
(161) 일요일에 류드밀라와 빅또르는 할머니댁에 가서 생신을 축하해 드리고 왔다.
(162) 크림 반도의 남쪽 해안에 관광객들이 모였다.
(163) 안똔의 결혼식에 친척들이 모두 모였다.
(164) 전 세계 학자들이 회의 참석차 모였다.
(165) 학자들이 컨퍼런스 참석차 속속 도착하는 중이다.
(166) 연극이 끝났고, 관중들은 각자 집으로 흩어졌다.

(167) 안똔과 빅또르는 한참 동안 길에 서서 대화를 나눈 후 작별 인사를 하고 헤어졌다.
(168) 벌써 늦은 시간이었다. 우리는 친구들과 작별 인사를 나누고, 각자 집으로 뿔뿔이 흩어졌다.
(169) 대학생들이 방학을 맞이해서 (각자 집으로) 떠난다.
(170) 이제 5월이다... 모두들 각자 별장으로 쉬러 떠나고 있다. (네끄라소프)
(171) 우리 차는 주차할 곳을 찾느라 건물 주변을 몇 번이고 돌았다.
(172) 관광객들은 에르미따쥐 박물관 건물을 한 바퀴 돌면서 건축물을 구경했다.
(173) 내가 태어난 도시가 어찌나 작은지 전체를 둘러보는 데 몇 시간이면 충분하다.
(174) 관광객들은 숲을 지나 늪을 돌아서 크고 아름다운 강가로 나왔다.
(175) 이반은 친구들이 있는 캠핑 장소를 찾기 위해 차를 타고 호수 주변을 몇 바퀴 돌았다.
(176) 여기는 지나가실 수 없습니다. 공사장을 둘러서 가실 수 밖에 없습니다.
(177) 남편과 나는 세계의 절반에 준할 만큼 많은 나라에 가 봤다.
(178) 안나는 운동화가 필요해서 스포츠용품 파는 상점이란 상점은 모두 다 가 봤다.
(179) 이반은 조종사가 되는 훈련을 받은 후 세계를 일주했다고 해도 과언이 아닐만큼 비행을 많이 했다.
(180) 한 남자가 자신의 발밑을 잘 살피면서 조심조심 모든 웅덩이를 피해 가고 있다.
(181) 하루 동안 우리는 도시 전체를 샅샅이 돌아다녔다.

III. 형동사

(1) 연인들이 일몰의 아름다운 광경에 매료되어 있었다.
(2) 해변에서 우리는 일광욕을 하고 있는 아가씨들을 발견했다.
(3) 세르게이는 장난치고 있는 새끼 강아지들을 흥미롭게 봤다.
(4) 공원에서 이반은 공놀이하고 있는 아이들을 발견했다.
(5) 서울 사는 여자 친구가 나한테 자주 전화한다.
(6) 사샤는 커피를 좋아하진 않았지만, 엄마, 아빠, 형이랑 누나랑 활활 타는 벽난로 앞에 앉아 있는 건 아주 좋아했다.
(7) 우리는 우리 학교에서 근무하고 계시는 교수님 댁에 갔었다.
(8) (초,중,고) 학생들은 «러시아 박물관» 앞에서 사진 촬영 중인 관광객들 쪽으로 다가갔다.
(9) 어떤 사람들은 그들보다 인생의 경험이 더 많은 누군가로부터 지적받는 걸 좋아하지 않는다.
(10) 한 할머니가 공놀이 하는 아이 근처에 있는 공원 벤치에 앉아 있다.
(11) 창밖으로 전구로 장식된 크리스마스 트리를 연상시키는 서울이 보였다.
(12) 운동을 규칙적으로 하는 사람들은 잘 안 아프다.
(13) 같은 시기에 태어나서 살아가는 사람들을 '세대'라 부른다.
(14) 교제를 할 줄 아는 사람에겐 항상 친구가 많다.
(15) 공원에서 이반은 공놀이하고 있는 아이들을 발견했다.
(16) 같은 열차칸을 타고 여행하는 승객들은 금방 친해졌다.
(17) 우리는 우리 대학교에서 근무 중인 교수님 댁을 다녀왔다.
(18) 해변에서 우리는 일광욕을 하고 있던 아가씨를 발견했다.
(19) 연인들이 일몰의 아름다운 광경에 매료되어 있었다.
(20) 안나는 바닥에 떨어진 사전을 집어들었다.
(21) 아이들은 비가 오기 시작했기 때문에 공원에 갈 수 없었다.
(22) 따냐는 길에서 봄꽃을 팔고 있던 여자와 아는 사이였다.

(23) 따찌야나는 벌써 일주일째 아픈 목의 통증을 의사에게 호소했다.
(24) 관객들은 음악회의 2부 때 공연을 한 가수가 특히 더 기억에 남았다.
(25) 아틀란티스섬은 대서양의 깊숙한 곳에서 자취를 감췄다는 신비의 대륙이다.
(26) 전쟁 때 행방불명이 됐던 그들의 아버지는 수학자였다.
(27) 이 그림을 그린 화가는 얼마 전에 죽었다.
(28) 1924년생인 그의 할아버지는 지금 굉장히 연로하다.
(29) 화면에 나온 사람은 찰리 채플린을 닮았다.
(30) 나에게 편지를 쓴 친구는 먼 북쪽에 산다.
(31) 당신의 책을 영어로 번역하던 사람이 갑자기 일을 그만뒀습니다.
(32) 따냐는 봄꽃을 팔고 있던 여자 쪽으로 다가갔다.
(33) 전쟁 때 행방불명됐던 그들의 아버지는 수학자였다.
(34) (초,중,고) 학생들은 학교에서 배우는 어학이 전혀 마음에 들지 않는다.
(35) 삼성에서 생산되는 핸드폰들은 많은 인기를 누리고 있다.
(36) 환타지와 모험 소설들이 (초,중,고) 학생들에 의해 가장 많이 읽힌다.
(37) 우리가 번역하는 논문들에는 공식이 많이 나온다는 점을 알아 두세요.
(38) 사과가 우리 가게에서 가장 잘 팔리는 과일이다.
(39) (대학교에 있는 다양한) 예비 과정에서 풀어 주는 수학 문제들이 모두 대학교 입학시험에 나왔다.
(40) 이 컨퍼런스에서 논의되는 문제들은 의학 발전에 큰 역할을 한다.
(41) 노파가 세놓는 방은 알고 보니 매우 작았다.
(42) 이 여가수가 부르는 로망스들이 내게 큰 감동을 준다.
(43) 존경하는 신사 숙녀 여러분!
(44) 안녕, 내 사랑!(남자에게)
(45) 대학에서 가르치는 모든 외국어 중에서 학생들은 다른 언어들에 비해 일본어를 선택하는 비중이 더 높다.
(46) 학교에서 가르치는 모든 과목 중에서 내 생각에 제일 어려운 과목은 물리이다.
(47) 당신이 보내는 편지는 항상 기쁨과 희망을 가져다줍니다.
(48) 내 고향에 들어서고 있는 극장들에 대한 내용이 한 (신문 등의) 기사에 실렸다.
(49) 나는 대학교에 가는 길에 매일 마주치는 청년과 얘기 한번 해 보는 게 소원이다.
(50) 이거 인스턴트 커피인가요?
(51) 나는 대학교에 가는 길에 매일 마주치는 청년과 얘기 한번 해 보는 게 소원이다.
(52) 노파가 세놓는 방은 알고 보니 매우 작았다.
(53) 이 여가수가 부르는 로망스들이 내게 큰 감동을 준다.
(54) 이 그림은 위대한 러시아 화가에 의해서 창작되었다.
(55) 이 밤은 마치 달빛 아래에서의 로맨틱한 산책을 위해 만들어진 것 같아!
(56) 나스쨔는 그녀를 위해 마련된 새해 선물이 아파트의 어디에 숨겨져 있는지 굉장히 궁금해했다.
(57) 화창한 봄. 때는 저녁이었고, 창문들은 열려 있었다. - 린드그렌의 《꼬마 닐스와 칼손》
(58) 여러분들이 배운 모든 주제가 시험에 나올 것입니다.
(59) 당신이 준비한 보고서는 정말 훌륭했습니다.
(60) 긴 여정에 지친 관광객들이 호텔에 들어갔다.
(61) 이것은 (초,중,고) 학생들에 의해서 만들어진 장난감들이다.
(62) 남편과 나는 20세기 초에 지어진 집에서 살고 있다.

(63) 방에서는 아내가 가게에서 사온 맛있는 빵 냄새가 났다.
(64) 여행사에서 준비한 관광은 훌륭했다.
(65) 이 의상실에서 만들어진 모든 옷은 실용적이고 편리하다.
(66) 이 아파트에는 집주인이 직접 만든 물건이 많다.
(67) 시장에서는 (우리 나라의) 남부 지방에서 재배된 야채와 과일을 살 수 있다.
(68) 이 아파트에는 주인이 직접 만든 물건이 많다.
(69) 당신이 준비한 보고서는 훌륭했습니다.
(70) 방에서는 아내가 가게에서 사온 맛있는 빵 냄새가 났다.

IV. 부동사

(1) 이리나는 기분을 망치고 싶지 않아서, 시끄러운 음악에 더 이상 신경을 안 쓰고 계속해서 일을 했다.
(2) 우리 둘만 있으니까 하는 말인데, 난 공부할 생각이 눈꼽만큼도 없어.
(3) 양손에는 젖꼭지가 달린 작은 젖병을 든 채 유모가 방에 들어왔다.
(4) 울면서 바냐는 그가 어떻게 해서 손가락을 다치게 됐는지 아버지에게 이야기했다.
(5) 나는 말없이 창가에 앉아서 고요한 그 상태를 즐겼다.
(6) 여전히 사과를 씹어 먹으면서 니끼따는 옷을 입고 밖으로 나갔다.
(7) 올가는 나갈 준비를 하면서 학교 친구들과 곧 만나게 될 일에 대해 생각하자 끔찍했다.
(8) 한 여자가 자기 물건을 돌려줄 것을 큰소리로 요구하면서 소리 질렀다.
(9) 이스탄불에 처음 왔을 때, 올가는 도시의 아름다움에 너무도 놀랐다.
(10) 이리나는 놀라서 눈을 크게 뜬 채 뾰뜨르가 모스끄바에 대해서 하는 이야기를 들었다.
(11) 세르게이는 우편함에서 친구가 보낸 편지를 발견하고서 기뻐했다.
(12) 첫 번째 경기에서 실패를 한 후에도 나는 자신에 대한 믿음을 잃지 않고 고집스럽게 트레이닝을 계속했다.
(13) 주인의 목소리에서 불길한 기운이 전해졌고, 개는 잔뜩 경계했다.
(14) 1킬로미터도 못 가서 나는 새로 산 운동화 때문에 발뒤꿈치가 아프다는 것을 알았다.
(15) 주머니 속에서 아파트 열쇠를 발견한 후에 빅또르는 안심을 했다.
(16) 저녁에 집에 오자마자 나는 제일 먼저 내가 마실 차에 뜨거운 물을 부었다.
(17) 아이들은 주머니 가득 여러가지 당과류를 넣은 채로 집에 돌아와서 서로 앞다투어 할머니 댁에서 뭐 하면서 방학을 보냈는지 부모님께 이야기하느라 난리였다.
(18) 실컷 배불리 먹고 나서 새끼 강아지는 문 옆에 있는 자기 자리에 가서 누웠다.
(19) 이리나는 자신의 기분을 망치고 싶지 않았기 때문에 시끄러운 음악 소리에 아랑곳하지 않고 일을 계속했다.
(20) 세르게이는 우편함에서 친구가 보낸 편지를 발견하고서 기뻐했다.
(21) 올가가 이스탄불에 처음 왔을 때 도시의 아름다움에 깜짝 놀랐다.
(22) 아이들은 주머니 가득 당과류를 가득 넣은 채 집에 돌아와서는 서로 앞다투어 할머니댁에서 어떻게 방학을 보냈는지 부모님께 이야기한다고 난리였다.

제3부 문장의 종류

I. 단문

(1) 나는 잡지를 읽고 있다.

(2) 내 작은딸은 공부를 아주 잘한다.

(3) 대학교에 새 스페인어 교수님이 오셨다.

(4) 내 여자 친구는 아들을 낳았다.

(5) 이 건물에는 체육 학교가 있다.

(6) 그녀는 슬픔과 기쁨이 순식간에 바뀐다. – 빅또리아 또까레바의 «1루블 60꼬뻬이까는 돈도 아니다»

(7) 넌 잡지를 읽고 있니?

(8) 몸이 어떠신가요?

(9) 어디가 안 좋아서 오셨나요?(의사가 환자에게)

(10) 면허증 있으십니까?

(11) 당신은 운동을 하시나요?

(12) 당신은 지금 무엇을 하고 계십니까?

(13) 아내분이 요리를 잘하시나요?

(14) 새로운 소식 있나?

(15) 너 어떻게 지내니? 아무 문제 없구?

(16) 너 무슨 일 있어? 눈이 왜 빨갛니?

(17) 고향이 어디신가요?

(18) 댁의 부모님은 어디에 사시죠?

(19) 아버님의 직업은 뭔가요?

(20) 넌 엄마와 아빠 중에 누가 더 좋으니?

(21) 잡지를 읽어!

(22) 9시쯤 나를 기다리고 있으렴. – 린드그렌의 «꼬마 닐스와 칼손»

(23) – 너 열 나니? – 라고 꼬마 닐스가 물었다.
– 열이 나는 정도가 아니에요. 이마 한 번 만져 봐요.

(24) 세계 최고의 익살꾼이 누구게? 알아맞혀 봐! – 린드그렌의 «꼬마 닐스와 칼손»

(25) 저기요, 빵 한 조각 건네주세요.

(26) 대박!

(27) 엄마, 내가 엄마를 얼마나 사랑한다구요!

(28) 배고픔, 이 일마나 기분 나쁜 상태인가!

(29) 안나 여기 왔다 갔어?

(30) 우리 오빠는 서울에 산다.

(31) 나는 5월 초에 생기는 천둥과 번개가 좋다.

(32) 나가서 자작나무 아래에 앉아 나이팅게일의 지저귐을 들어야지.

(33) 후회하지 않으리, 아무도 부르지 않으며, 울지 않으리.
세상 만사 하얀 사과나무 꽃연기 사라지듯 지나가리라. (예세닌)

(34) 이바노프, 뭐라 말 좀 해 봐요!

(35) 날이 밝아오고 있다.

(36) 저녁이 다가오고 있다.

(37) 방 안이 조용해진다.

(38) 아침보다 더 강한 추위가 몰아쳤다. (고골)

(39) 내 맘은 왜 이리 아프고 이렇게 힘든 걸까? (레르몬또프)

(40) 난 네 따스함이 그립고, 네겐 나의 보살핌이 필요하구나. *(시빠체프)*

(41) 나는 용기가 부족했다.

(42) 어린아이들은 우유를 먹고 큰다.

(43) 아침 식사 때 맛있는 파이가 나왔다.

(44) 눈물은 슬픔에 도움이 안 된다. *(속담)*

(45) 노력 없이는 우물 안에 있는 작은 물고기 한 마리도 꺼낼 수 없다. *(속담)*

(46) 다른 별엔 더 이상 없는 지구상에 하나밖에 없는 꽃을 사랑한다면, 그것만으로도 충분하지. 하늘만 봐도 행복할 테니까. – 생 떽쥐베리의 «어린 왕자»

(47) 숲에 장작을 가져가는 법은 없다. *(속담)*

(48) 갖고 있을 때는 소중함을 모르다가 잃은 후에 운다. *(속담)*

(49) 100루블보다는 100명의 친구를 사귀어라. *(속담)*

(50) 날씨하고는!

(51) 저기 태양, 드높은 하늘... 공기는 또 얼마나 깨끗한지. *(꾸쁘린)*

(52) 여기 숲이 있다. 그림자 그리고 고요. *(뚜르게네프)*

II. 복문

(53) 나는 니꼴라이가 문학에 조예가 깊다고 생각한다.

(54) 우리 아버지는 아들들이 외교관이 되길 원한다.

(55) 나는 러시아에서 일을 하고 싶어서 러시아어를 공부한다.

(56) 여자 친구와 나는 보통 대학교 근처에 있는 작은 카페에서 아침 식사를 한다.

(57) 눈부신 태양과 아이 웃음 소리에 나이 많은 의사는 잠이 깼다. – 소피야 쁘로꼬피예바의 «노란 여행가방의 모험»

(58) 따찌야나의 눈은 아주 어둡고 슬픈 빛을 띠게 되었다. – 소피야 쁘로꼬피예바의 «노란 여행가방의 모험»

(59) 안드레이는 방 안을 왔다 갔다 하면서 뭔가를 골똘히 생각했다.

(60) 노파는 벤치에 앉아서 손자들이 노는 모습을 지켜봤다.

(61) 어느 휴일에 남자들이 식탁 앞에 앉아서 대화를 나누고 있었다.

(62) 말은 시내 쪽으로 다가가서는 코를 킁킁 대면서, 한참 물을 마셨다.

(63) 여자는 몸을 돌려, 내 눈을 정면으로 봤다. – 빅또리아 또까레바의 «1루블 60꼬뻬이까는 돈도 아니다»

(64) 남성은 모자를 벗고 교회에 들어갔다.

(65) 늙은 의사는 벨소리가 나자, 일어나서 문을 열기 위해 현관으로 나갔다.

(66) 젊은 노동자가 들어와서 자기 여행가방을 바닥에다가 내려놓고는 의사와 악수했다.

(67) 교재가 시판되기 시작했으니까 이제 우리는 그 책을 구매할 수 있다.

(68) 따냐가 열차 시간표를 잃어버려서 여행객들은 기차역으로 전화를 할 수밖에 없었다.

(69) 이 모든 일의 원인은 내가 교대 입학 시험에 낙방했다는 데에 있다. 그래서 이제 나는 어디든 가서 일을 해야 하는 것이다.
– 빅또리아 또까레바의 «수영 강사»

(70) 안똔은 자신의 업무를 끝내고 퇴근하려 했지만, 유리 뻬뜨로비치씨가 오는 바람에 퇴근이 늦어졌다.

(71) 처음엔 친구들이 극장에 갈까 했지만, 나중에 생각을 바꿨다.

(72) 블라지미르는 졸기 시작했지만, 누군가의 큰 비명 소리에 잠이 깼다.

(73) 저녁에 우리 집에 친구가 오면 우린 같이 새로 나온 영화를 보려고 한다. 하지만 어린 딸 때문에 그럴 수 있을지 의문이다.

(74) 어린 세료좌가 넘어져서 울려고 할 때, 엄마가 벌써 빠른 걸음으로 다가오고 있었다.

(75) 새로 온 여학생이 난 너무 좋다. 물론 지금은 나를 못 알아보지만, (곧) 나를 좋아하게 만들 거야.

(76) 할멈은 파이를 구우려고 집에 남았고, 노인은 물고기를 잡으러 나갔다.

(77) 매일 남편은 들에 나가 일했고, 아내는 집에서 집안일을 했다. – 러시아 전래동화 «어떻게 남편이 집안일을 했는지»

(78) 내가 남동생을 만나면 갈랴 이모님 댁에 데려다주고, 저녁 때 너한테 전화할게.

(79) 선생님은 내일 우리가 견학을 갈 거라고 이야기했다.

(80) 막심은 기차가 저녁 8시에 도착한다는 것을 알게 되었다.

(81) 나는 네 말이 옳다고 생각한다.

(82) 알고 보니 그들은 벌써 10년째 알고 지낸다.

(83) 안똔은 자기 생활을 바꿔야만 한다는 것을 깨달았다.

(84) 난 이 언어가 어려워서 절대 마스터할 수 없을 것만 같아!

(85) 따냐는 방에 들어가서 세르게이가 도착했다고 말했다.

(86) 엄마는 삶에서 가장 힘든 것이 배고픔과 추위에 떠는 것이라 생각한다. 배고픔과 추위는 불편한 것이지 삶에서 겪는 어려움과는 다른 것이다. – 빅또리아 또까레바의 «수영 강사»

(87) 가끔 나는 엄마에겐 젊은 시절이 결코 없었으며, 엄마가 이야기해주곤 하던 전쟁이란 것도 존재하지 않으며, 찰스 디킨스도 지구상에 존재하지 않는 것 같은 생각이 가끔 들곤 한다. 모든 일은 내가 세상에 나온 그 시간부터 시작된 것만 같다. – 빅또리아 또까레바의 «수영 강사»

(88) 그녀가 굉장히 힘들어한다는 것을 알 수 있었다. – 소피야 쁘로꼬피예바의 «노란 여행가방의 모험»

(89) 난 내가 그의 관심을 금발머리 아가씨로부터 내 쪽으로 돌려놓지 못할 것이라는 것을 직감했다. – 빅또리아 또까레바의 «수영 강사»

(90) "난 이 개를 안고 싶은 생각이 추호도 없어." 하고 이리나가 말했다.
"개는 뭐 널 안고 싶어 한다니?" 하고 그리샤가 따지듯 말했다.

(91) 그녀는 어린 왕자가 그녀의 우는 모습을 보지 않길 원했다. 그녀는 굉장히 자존심이 강한 꽃이었으니까. – 생떽쥐베리의 «어린 왕자»

(92) 아쏠은 어느 화창한 날 지평선에 «붉은 돛»이 등장하는 꿈을 꾸었다.

(93) 어머니는 딸에게 아픈 여자 친구네 집에 다녀오라고 조언했다.

(94) 소년은 부모님께 방학이 되면 바다에 놀러갈 수 있게 허락해 달라고 사정했다.

(95) 넌 꼭 사장님과 네 업무 시간에 대해 얘기를 해야 해.

(96) 아이들은 항상 그들의 말을 끝까지 경청하여 주고 칭찬을 더 자주 해주기를 바란다.

(97) 부모는 자식을 양육하기 위해서 존재하는 것이고, 자녀들은 부모의 보살핌을 받을 이유를 만들기 위해 존재하는 것이지. – 빅또리아 또까레바의 «수영 강사»

(98) 그 객실의 장점이라면, 더도 덜도 말고 꼭 필요한 것들이 있었다는 점이다. 수면을 위한 침대, 편지를 쓰는 데 필요한 책상, 물을 마시기 위한 유리 물병이 그것이다. – 빅또리아 또까레바의 «수영 강사»

(99) 소금은 아파트를 청소하는 아줌마 뉴라한테나 가야 구할 수 있었다. 그녀는 1층에 살고 있었고, 그녀 집의 현관에 가면 소금이 가마니째로 있었는데 소금이 워낙 크고 불투명해서 마치 석영 조각들 같았다. 이 소금을 그녀는 사람들이 미끄러지는 것을 막고자 겨울에 빙판길에 뿌리곤 했다. – 빅또리아 또까레바의 «수영 강사»

(100) 세르게이는 학교에서 제일 예쁜 아가씨랑 사귀었다. 그 애를 좋아서라기보다는 모두의 부러움을 사기 위해서였다. – 빅또리아 또까레바의 «1루블 60꼬뻬이까는 돈도 아니다»

(101) 학교에서 있었던 새해 파티에 이리나는 모두들 그녀에게 푹 빠지도록 할 의도로 제일 예쁜 원피스를 입고 왔다.

(102) 우리는 거북이를 별장에 데리고 가기로 했다. 그래서 공기가 통하도록 구멍이 숭숭 뚫린 상자에 거북이를 넣었다.

(103) 부라티노는 인형극 극장에 한번 가 보려고 알파벳 교본을 팔았다. – A. 똘스또이의 «부라티노의 모험»

(104) 소년은 항상 검은 양복을 입고 다녔고, 책상 앞에 앉을 때면, 안경을 쓰고 아무 책이나 읽기 시작했는데, 그 모습은 영락없는 교수님이었다. – 니꼴라이 노소프의 «몰라돌이와 친구들의 모험»

(105) 부모님이 젊었을 땐 차를 타고 유럽 여행을 많이 다녔다.

(106) 이반이 사샤의 옆을 지나갈 때, 그들은 서로 눈빛을 교환했다.

(107) 뛰어가고 있는 사람들을 보면, 내가 가야 할 방향이 정반대라도 나는 그들과 함께 뛰게 된다. – 빅또리아 또까레바의 «수영 강사»

(108) 올가 니꼴라예브나가 집에 돌아왔을 때, 아들이 벌써 저녁을 준비해 놓고 기다리고 있었다.

(109) 나는 학교 갔다 오는 길에 보통 우리 아파트 마당에서 손자들과 산책하시는 할머니를 만난다.

(110) 뻬쨔가 집에 도착했을 땐 부모님이 벌써 저녁 식사를 하려고 식탁에 앉아 있었다.

(111) 뽀뜨르가 방에 들어오자 모두 그쪽으로 돌아봤다.

(112) 내가 출발 중인 열차에 뛰어올랐을 때, 너무 기쁜 나머지 안도감이 밀려왔다. – 빅또리아 또까레바의 «수영 강사»

(113) 내가 휴가 갔다 돌아왔을 때는, 실험실에서 모든 어려운 작업이 이미 끝난 뒤였다.

(114) 내 차례가 왔을 때, 나는 모자를 벗고 창구 창문에다가 고개를 들이밀었다. – 빅또리아 또까레바의 «1루블 60꼬뻬이까는 돈도 아니다»

(115) 모두들 잠자리에 들면, 그녀는 부엌으로 가서 의자에다가는 쿠션을 놓고 급한 일거리를 타이핑한다. – 빅또리아 또까레바의 «1루블 60꼬뻬이까는 돈도 아니다»

(116) 어렵고 많은 공을 들인 작업을 끝내게 되면, 마음이 가벼워진다.

(117) 손님이 찾아오면, 그들에게 이야기를 해 주면서 즐겁게 해 주고, 커피를 대접해야 한다. – 빅또리아 또까레바의 «수영 강사»

(118) (초,중,고) 학교에 다닐 때는 내 꿈은 수학자가 되는 것이었다.

(119) 비가 오는 동안 우리는 집에 있었다.

(120) 내가 저녁 식사를 준비하는 동안 넌 방을 좀 치워.

(121) 날씨가 따뜻한 동안은 안나의 가족이 별장에 머물렀다.

(122) 내가 집에 돌아가는 동안 비가 그쳐서 해가 모습을 드러냈다. – 빅또리아 또까레바의 «1루블 60꼬뻬이까는 돈도 아니다»

(123) 그녀가 대답할 말을 고르는 동안 이반이 떠나 버렸다.

(124) 아버지가 어려운 수학 문제의 설명 방법을 생각하는 동안 아들이 스스로 문제를 풀었다.

(125) 모두들 휴가를 떠나 있는 동안 안똔은 일했다.

(126) 아이들이 시험 공부를 하는 동안 부모님은 집 청소를 끝냈다.

(127) 떠나기 직전에 이라는 나한테 전화를 했다.

(128) 공부를 하러 책상에 앉기 전에 먼저 방부터 환기를 시켜야 한다.

(129) 칼손은 배 위에 있는 단추를 눌렀고, 꼬마 닐스가 눈앞에서 벌어지고 있는 사태를 파악하기도 전에 벌써 잽싸게 창문 밖으로 날아갔다. – 린드그렌의 «꼬마 닐스와 칼손»

(130) 안똔은 알람이 울리기도 전에 잠에서 깼다.

(131) 어린 리자가 글자를 익힌 이후로 거리에 있는 간판들을 빠짐없이 읽기 시작했다.

(132) 극장이 새 건물로 이전한 지 일주일이 지났다.

(133) 토마는 엄마가 병이 난 후부터 웃음을 잃었다. – 소피야 쁘로꼬피예바의 «노란 여행가방의 모험»

(134) 이반은 레삔의 전기를 다 읽고 나더니 그가 그린 모든 그림들을 섭렵하기로 결심했다.

(135) 눈이 그치기가 무섭게 공원 길들은 깨끗하게 청소되었으며, 다시 산책할 수 있게 되었다.

(136) 네가 이 단편 번역을 끝내자마자 네 번역본을 편집국에 제출할게.

(137) 할아버지만 오셨다 하면, 우리 집은 시끌벅적 활기를 띠었다.

(138) 이고르는 포만감을 느끼기가 무섭게 식탁에서 일어났다.

(139) 이리나는 딱정벌레를 보고서 어찌나 소리를 크게 질렀던지 무시무시한 용이라도 본 것 같았다.

(140) 어느 가을 나는 하루 종일 해변을 돌아다녔지만, 사람 그림자도 못 봤으며, 휴양지는 멸종을 연상시키듯 완전히 텅 비어 있었다.
(141) 그녀의 시선은 불명확하고 또 한편으로는 마치 뭔가 중요한 일이 있는데 생각해 내지 못하겠다는 듯 골똘히 생각하는 듯 보였다. – 빅또리아 또까레바의 《1루블 60꼬뻬이까는 돈도 아니다》
(142) 바냐는 아픈 이빨 하나 가지고 어찌나 엄살을 피우던지 마치 입 안에 있는 모든 이빨이 썩기라도 한 것 같았다.
(143) 사람들은 이것이 마치 그들 생애 마지막 기차라도 되는 듯, 두브나(러시아 도시 이름)가 아닌 행복한 삶으로의 여정을 시작하기라도 하듯이 열심히 달렸다. – 빅또리아 또까레바의 《수영 강사》
(144) 옆방에서 엄마는 어찌나 조심조심 걸어다니는지 자는 나를 깨울까봐 걱정하는 것처럼 보였다.
(145) 비까는 뒤돌아서 나를 바라봤는데, 처음 보는 사람 대하듯 했다.
(146) 옛날 옛날에 남편과 아내가 살고 있었습니다. 아내가 어찌나 고집이 세던지 이루 말로 표현할 수 없을 정도였습니다. – 러시아 전래 동화 《남편과 아내》
(147) 그들이 어찌나 험하고 위험한 길로 갔던지 떨어지지 않기 위해 바위를 양손으로 단단히 붙잡고 두 발로 지지하고 있어야만 했다. – 린드그렌의 《꼬마 닐스와 칼손》
(148) 케이크가 어찌나 예쁘고 맛있어 보이던지 어서 빨리 맛보고 싶어졌다.
(149) 여자가 어찌나 크게 비명을 질렀던지 길가는 행인들이 뒤돌아볼 정도였다.
(150) 옛날 집들이 모여 있는 지역에 집들이 어찌나 촘촘하게 붙어있던지 자유자재로 지붕에서 지붕으로 건너갈 수 있을 정도였다. – 린드그렌의 《꼬마 닐스와 칼손》
(151) 7월부터 8월 중순까지 비가 왔다. 하지만 자연은 언제나처럼 균형을 맞추기라도 하려는 듯 , 8월의 나머지 절반은 무더위가 이어졌다. 어찌나 후덥지근하던지 아스팔트가 녹아내릴 정도였다. – 빅또리아 또까레바의 《수영 강사》
(152) 할아버지는 신문을 읽느라 심하게 몰두하셔서 손녀가 찻잔을 깨뜨리는 소리에 고개도 들지 않으셨다.
(153) 주위의 모든 것이 굉장히 아름다워 보였다. 하늘이 어찌나 파랗던지 꼭 봄이 온 것 같았다. – 린드그렌의 《꼬마 닐스와 칼손》
(154) 안나는 차가운 바람과 영하권의 추운 날씨 때문에 겨울을 싫어한다.
(155) 노력으로 불가능한 일은 없기 때문에 나보다 재능이 많은 사람을 부러워할 필요는 없다.
(156) 당신이 TV를 시청하는 동안은 주의가 산만해져서 일을 할 수 없을 겁니다.
(157) 아버지는 마샤가 밤길에 혼자 다니는 걸 무서워해서 딸의 보충수업이 끝나는 시간에 맞춰서 항상 마중을 나왔다.
(158) 내가 친구들을 따라 사범대학에 입학했다고는 생각하지 말아 주세요!
(159) 우리가 교회 안으로 발을 들여놨을 때, 노파들이 엎드러졌는데, 우리 앞에 넘어진 것이 아니라, 예배 순서상 그래야 했기 때문이었다. – 빅또리아 또까레바의 《수영 강사》
(160) 나는 너무 밝아 잠을 잘 수가 없어서 일어나서 스탠드를 껐다.
(161) 나는 심하게 허기가 져서 집에 돌아오자마자 저녁 식사를 준비했다.
(162) 나는 지금껏 한번도 이렇게 높이 등산을 한 적이 없었기에 겨우겨우 올라갔다.
(163) 안똔은 3점이 모자라서 대학 입학 시험에 떨어졌다.
(164) 딸이 깨서 놀아 달라고 하는 바람에 영화를 끝까지 못 봤다.
(165) "어디에 앉을까요?"라고 그녀는 물었다. 왜냐하면 의자에 상자들이 잔뜩 올려져 있었기 때문이었다.
   – 빅또리아 또까레바의 《수영 강사》
(166) 하루 종일 무더웠지만, 자연은 늘 균형을 맞추기 때문에, 밤엔 비가 왔다. – 빅또리아 또까레바의 《수영 강사》
(167) 이리나는 학년말 과제를 기한 내에 제출할 수 있었는데, 이는 그가 자기 시간을 잘 분배한 덕분이었다.
(168) 레나가 우리를 도와준 덕분에 우리는 제때에 일을 마칠 수 있었다.
(169) 안드레이가 바다에 시계를 차고 들어가는 바람에 시계가 망가졌다.
(170) 이라가 직장일이 예상보다 늦게 끝나서 우리는 함께 극장에 못 갔다.
(171) 뻬쩨르부르그에는 비가 자주 와서 나는 모스끄바를 더 좋아한다.

(172) 비까는 항상 청바지 차림에 머리는 양 갈래로 땋고 다녔기 때문에 나이보다 어려보였다.
(173) 이고르는 길을 가면서 전화 통화를 했기 때문에 자기를 극장 앞에서 기다리고 있던 친구들을 한번에 알아보지 못했다.
(174) 친구들과 나는 교외로 가려고 했지만, 비가 와서 우리는 집에 있었다.
(175) 유라는 최근 며칠 동안 늦게 자고 일찍 일어나야 했다. 그래서 그는 굉장히 피곤했고, 사리분별력이 떨어졌다.
(176) 빅또르는 세심하고 배려심이 깊은 사람이었고, 그러한 그의 성격 덕분에 그는 친구들과 직장 동료들의 사랑을 받았다.
(177) 안드레이 니꼴라예비치씨는 성격이 차분하고, 판단력도 있으며 신중한 사람이었다. 그는 사람들의 성향을 잘 파악하고 있었고, 그들의 고민도 잘 알고 있었다. 그 덕분에 그는 훌륭한 사장이 될 수 있었다.
(178) 기온이 영하 30도여서 (초,중,고) 학교들이 휴교했다.
(179) 아이가 균형 잡힌 식사를 한 결과 활달하고 건강하게 자랐다.
(180) 바냐야, 네가 지금 당장 학교 공부를 안 하면, 오늘 저녁에 못 놀러 갈 줄 알아!
(181) 날씨가 안 좋아져도 우리는 시내에 놀러 나가고 말 테다.
(182) 내가 만약 18살 때에 내 정체성을 못 찾았다면, 다음 입학 시험을 칠 때쯤 정체성을 발견할 수 있을지 의문이다. – 빅또리아 또까레바의 «수영 강사»
(183) 누군가를 사랑한다면, 그의 관심사에 맞춰서 살아야 한다.
(184) 우리 자신이 변하지 않으면, 세상 그 무엇도 변하지 않는다. – 빅또리아 또까레바의 «1루블 60꼬뻬이까는 돈도 아니다»
(185) 세상 모든 사람들이 따뜻한 비를 맞으며 물웅덩이를 찾아 뛰어다니는 것이 얼마나 기분 좋은 일인지 알면 좋으련만.
(186) 만약에 네가 «소브레멘닉» 극장 표를 샀더라면, 가장 재능 있는 배우들의 연기를 볼 수 있었을 텐데!
(187) 만약에 엄마가 나를 억지로 음악 학교에 집어넣지만 않았다면, 지금쯤 클래식 음악을 좋아했을 것이다.
(188) 우리가 너 때문에 얼마나 놀랐는지 아니?
(189) 칼손은 자신이 만약 가공의 인물이었다면, 그야말로 이 세상 최고의 가공 인물일 거라 말했다. – 린드그렌의 «꼬마 닐스와 칼손»
(190) 일하러 왔으면 친구들이랑 커피나 마시면서 하루 종일 노닥거릴 것이 아니라, 일을 해야지!
(191) 이리나는 한번도 플로리스트를 해 본 적이 없다는데, 어떻게 근사한 꽃다발을 만든단 말이니?
(192) 할아버지는 흡연이 건강에 해롭다는 걸 아시면서도 금연을 못하고 있다.
(193) 마샤는 이고르와 관계를 이어가서 그녀에게 결코 득이 될 것이 없다는 것을 알면서도 헤어지질 못했다.
(194) 쉽진 않겠지만, 우리는 경기에서 1위를 차지해야만 한다.
(195) 커피는 늘 부엌에 있는 벽난로 옆에서 마셨다. 비록 바깥 마당이 따뜻하고 완연한 봄 날씨였지만, 오늘도 예외는 아니었다. – 린드그렌의 «꼬마 닐스와 칼손»
(196) 안나는 늘 약속 시간에 늦는 여자 친구를 이번에도 용서해 주었다.
(197) 안락의자에 앉아 있던 세르게이가 자리에서 일어나서는 모두에게 차를 따라 주었다.
(198) 나는 옆 동에 사는 네 친구랑 꼭 한번 만나 보고 싶어.
(199) 낡은 집에 아이들을 위한 멋진 동화를 쓰던 작가가 살았었다.
(200) 아이들은 갑자기 굉장히 맛있는 파이를 만들어 주던 시골에 사는 할머니가 보고 싶어졌다.
(201) 안나는 커피잔을 집어들고서는 방 구석에 있던 안락의자에 앉았다.
(202) 우리 집 옆에 식료품 가게가 하나 있고, 그 옆에 커다란 웅덩이가 하나 있다.
(203) 세상엔 나이가 7살이고, 하늘색 눈을 갖고 있으며, 귀는 씻지 않아 더럽고, 바지엔 양쪽 무릎에 구멍이 나 있는 사내아이가 얼마나 많은가. – 린드그렌의 «꼬마 닐스와 칼손»
(204) 나는 나도 커서 일밖에 모르는 대부분의 어른들처럼 될까 봐 걱정된다.
(205) 아래 쪽에는 우리가 저녁이면 자주 산책을 하곤 하던 녹음이 짙은 공원이 있었다.
(206) 관광객들이 방문한 여러 도시들 중 한 도시는 주전자 생산지로 유명했다.

(207) 지갑 속에서 이리나는 전에는 안 보이던 동전 하나를 더 발견했다.
(208) 같이 있으면 마음이 편하고, 넘어지는 것도 높은 곳으로 올라가도 아프지 않은 남자가 내겐 있다.
(209) 아버지는 아기가 누워 있는 침대로 다가갔다.
(210) 마당엔 아이들이 공놀이를 하느라 왁자지껄한 웃음소리가 들렸다.
(211) 우리는 시내를 돌아다녔는데, 발길 닿는 대로 갔다.
(212) 사샤가 나가자 이고르는 문을 잠갔다.

[실전대비 문제 정답]

[명사의 격]
1. А   2. Б   3. А   4. А   5. Г   6. Б   7. А   8. А   9. В   10. В
11. А   12. Б   13. В   14. А   15. В   16. В   17. В   18. В   19. А   20. А

[동사의 상]
1. Б   2. А   3. А   4. А   5. А   6. А   7. А   8. Б   9. Г   10. В
11. А   12. А   13. Б   14. А   15. А   16. В   17. Б   18. А   19. А   20. А

[운동동사]
1. А   2. Б   3. А   4. А   5. Б   6. В   7. В   8. В   9. А   10. А
11. А   12. Г   13. А   14. А   15. Б   16. Б   17. В   18. Б   19. В   20. А

[형동사 및 부동사]
1. В   2. Б   3. А   4. А   5. А   6. А   7. Б   8. В   9. Г   10. Б
11. А   12. Б   13. А   14. Б   15. Б   16. Б   17. Б   18. Б   19. В   20. А

[단문 및 복문]
1. Б   2. Г   3. Г   4. А   5. А   6. В   7. В   8. А   9. Б   10. А
11. Б   12. Б   13. А   14. А   15. Б   16. А   17. А   18. Б   19. А   20. А

참고 문헌

1. Минакова Е.Е., Современная русская идиоматика. Учебное пособие для иностранцев, изучающих русский язык. М.: Русский язык. Курсы, 2008

2. Акишина А.А., Эмоции и мнения. Выражение чувств в русском языке : Пособие по развитию русской устной речи. М.: А.А. Акишина, Т.Е. Акишина, Русский язык, Курсы, 2009

3. Володина Г.И., А как об этом сказать?: Специфические обороты разговорной речи. М.:Русский

язык, Курсы, 2008

4. Колосницына Г.В., Макова М.Н., Шведова Л.Н., Шипицо Л.В., Грамматические этюды М.: Русский язык. Курсы, 2006

5. Иванова И.С., Карамышева Л.М., Куприянова Т.Ф., Мирошникова М.Г., Русский язык. Синтаксис. Учебное пособие для иностранцев. М.: Рус.яз. Курсы, 2001

6. Соколовская К.А., 300 глаголов совершенного и несовершенного вида в речевых ситуациях. М.: Рус.яз, 2001

7. Академия наук СССР, «Русская грамматика», 1980

8. Пехливанова К.И., Лебедева М.Н., Грамматика русского языка в иллюстрациях: Учебное пособие. М.: Рус.яз., 2000

9. Лебедева М.Н., Практикум по синтаксической сочетаемости глаголов. М.: Русский язык. Курсы, 2001

10. Малышев Г.Г., Глагол всему голова. Учебный словарь русских глаголов и глагольного управления для иностранцев. Выпуск 2. Первый сертификационный уровень. СПБ.: Златоуст, 2006

11. Муравьева Л.С., Глаголы движения в русском языке (для говорящих на английском языке), М.: Рус. Яз., 2001

12. Кривоносов А.Д., Редькина Т.Ю., Знаю и люблю русские глаголы СПБ.: Златоуст, 2000

13. Скворцова Г.Л., Глаголы движения –без ошибок : Пособие для студентов, изучающих русский язык как иностранный язык. М.: Рус. яз., Курсы, 2003

14. Ласкарева Е.Р., Чистая грамматика. СПБ.: Златоуст, 2006

15. Куприянова Т.Ф., Знакомьтесь: причастие. Учебное пособие для изучающих русский язык (продвинутый этап) 2-е изд. СПБ: Златоуст, 2002

16. Валгина Н.С., Розенталь Д.Э., Фомина М.И., Современный русский язык. Изд. 6-е. М.: Логос, 2008.

17. 러시아어 인텐시브 회화 2, 도서출판 뿌쉬낀하우스, 2004

18. 러시아로 가는 길 3, 도서출판 뿌쉬낀하우스

문학 및 동화

1. А.Линдгрен в переводе Л.Лунгиной, Малыш и Карлсон, издательство «Азбука», Санкт-Петербург

2. Виктория Токарева, рассказ «Инструктор по плаванию», рассказ «Рубль шестьдесят – не деньги», рассказ «Счастливый конец»

3. 생떽쥐베리, 어린 왕자 (노어판)

뿌쉬낀하우스 온라인 스쿨

lecture.pushkinhouse.co.kr

뿌쉬낀하우스의 명강의 이제 온라인으로 간편하게 수강하자!

컴퓨터에서도, 스마트 기기에서도!

뿌쉬낀하우스가 10여 년 동안 러시아어 교육분야에서 쌓아온 최고의 노하우를 공개합니다.
오프라인에서 인정받은 실력파 선생님들의 명강의를 이제 온라인으로도 만나실 수 있습니다.

뿌쉬낀 온라인
바로가기